Os Quatro Compromissos

EDIÇÃO COMEMORATIVA

O livro da filosofia tolteca

Os Quatro Compromissos

Um guia prático para a liberdade pessoal

don Miguel Ruiz

Ilustrações de Nicholas Wilton

Tradução de Luiz Fernando Martins Esteves

10ª edição

BestSeller

Rio de Janeiro | 2025

CIP-BRASIL. CATALOGAÇÃO-NA-FONTE
SINDICATO NACIONAL DOS EDITORES DE LIVROS, RJ.

Ruiz, Miguel, 1952-
R884q Os quatro compromissos : edição comemorativa / Miguel Ruiz ; tradução Luiz Fernando
10ª ed. Martins Esteves. - [1. ed.] - 10ª ed. - Rio de Janeiro : Best*Seller*, 2025.
il.

Tradução de: The four agreement
Apêndice
ISBN 978-85-7684-519-5

1. Conduta. 2. Crença e dúvida. 3. Filosofia tolteca. I. Título
13-05489 CDD: 299.792
CDU: 258

Texto revisado segundo o novo Acordo Ortográfico da Língua Portuguesa.

Título original:
THE FOUR AGREEMENTS – A PRATICAL GUIDE
TO PERSONAL FREEDOM – 15TH ANNIVERSARY EDITION

Publicado originalmente em inglês para a edição de aniversário em 2012
pela Amber-Allen Publishing, Inc. San Rafael, Califórnia, USA.

Adaptação de capa e composição de miolo: Renata Vidal da Cunha

Direitos exclusivos de publicação em língua portuguesa para o Brasil adquiridos pela
Editora Best Seller Ltda.
Rua Argentina, 171, parte, São Cristóvão – Rio de Janeiro, RJ – 20921-380
que se reserva a propriedade literária desta tradução

Impresso no Brasil

ISBN 978-85-7684-519-5

Seja um leitor preferencial Record.
Cadastre-se e receba informações sobre nossos lançamentos e nossas promoções.

Atendimento e venda direta ao leitor:
sac@record.com.br

Ao Círculo de Fogo;

àqueles que foram antes,

àqueles que estão presentes

e àqueles que ainda virão.

Agradecimentos ix
Os toltecas xi
Introdução xiii

1
DOMESTICAÇÃO E O SONHO DO PLANETA 3

2
O PRIMEIRO COMPROMISSO
Seja impecável com sua palavra 27

3
O SEGUNDO COMPROMISSO
Não leve nada para o lado pessoal 51

4
O TERCEIRO COMPROMISSO
Não tire conclusões 69

5
O QUARTO COMPROMISSO
Dê sempre o melhor de si 85

6
O CAMINHO TOLTECA PARA A LIBERDADE
Quebrando velhos compromissos 103

7
O NOVO SONHO
O céu da Terra 131

Orações 139

Agradecimentos

Gostaria de agradecer humildemente a minha mãe, Sarita, que me ensinou o amor incondicional; a meu pai, Jose Luis, que me ensinou disciplina; a meu avô, Leonardo Macias, que me indicou o segredo para o acesso aos mistérios toltecas; e a meus filhos, Miguel, Jose Luis e Leonardo.

Gostaria de expressar minha profunda afeição e o meu reconhecimento à dedicação de Gaya Jenkins e Trey Jenkins.

Estendo minha profunda gratidão a Janet Mills — editora e pessoa de fé — e sou grato a Ray Chambers por iluminar o caminho.

Os toltecas

Milhares de anos atrás, no Sul do México, os toltecas eram conhecidos como "homens e mulheres de sabedoria". Antropólogos se referem a eles como uma nação ou raça, mas na verdade eram cientistas e artistas que se associaram para explorar e conservar a sabedoria espiritual e as práticas dos antigos. Encontraram-se como mestres (*nagual*) e estudantes em Teotihuacan, a cidade antiga das pirâmides, próxima à Cidade do México, conhecida como o lugar onde o "Homem se Torna Deus".

Ao longo dos milênios, os *nagual* foram obrigados a manter sua existência na clandestinidade. A conquista europeia, combinada com o mau uso do poder pessoal por alguns poucos aprendizes, tornou necessário ocultar o conhecimento ancestral daqueles que não estavam preparados para usá-lo — ou que pretendiam usá-lo apenas com objetivos pessoais.

Felizmente, a sabedoria esotérica tolteca estava incorporada e foi transmitida por gerações de diferentes linhagens de *nagual*. Embora tenham permanecido envoltas em segredo por centenas de anos, as antigas profecias anunciavam a vinda de uma era em que seria necessário devolver a sabedoria ao povo. Agora, Don Miguel Ruiz, um *nagual* da linhagem dos Cavaleiros da Águia, foi indicado para compartilhar conosco os poderosos ensinamentos dos toltecas.

Tal sabedoria se ergue da mesma unidade essencial de verdade de todas as tradições esotéricas ao redor do mundo. Embora não seja uma religião, honra todos os mestres espirituais que já ensinaram aqui na Terra. Por envolver o espírito, é descrita com maior precisão como forma de vida, caracterizada como fonte da felicidade e do amor.

felicidade

Introdução

O espelho enevoado

Três mil anos atrás, havia um ser humano, como eu e você, que vivia perto de uma cidade cercada de montanhas. Embora estudasse para tornar-se xamã e para aprender a sabedoria de seus ancestrais, não concordava completamente com todos aqueles ensinamentos. Em seu coração, sentia que existia algo mais.

Um dia, enquanto dormia numa caverna, sonhou que viu o próprio corpo dormindo. Saiu da caverna numa noite de lua nova. O céu estava claro e ele viu milhares de estrelas. Então algo aconteceu dentro dele que transformou sua vida para sempre. Olhou para suas mãos, sentiu seu corpo e escutou sua própria voz dizendo: "Sou feito de luz; sou feito de estrelas."

Olhou novamente para o alto e percebeu que não eram as estrelas que criavam a luz, mas sim a luz que criava as estrelas. "Tudo é feito de luz", acrescentou ele, "e o espaço no meio não é vazio." E ele soube tudo o que existe num ser vivo, como soube que a luz é a mensageira da vida, porque está viva e contém todas as informações.

Então, compreendeu que, embora fosse feito de estrelas, ele não era essas estrelas. "Sou o que existe entre elas", pensou. Assim, chamou as estrelas de *tonal* e a luz entre elas de *nagual,* e percebeu que a harmonia e o espaço entre os dois eram criados pela Vida ou Intenção. Sem a Vida, o *tonal* e o *nagual* não poderiam existir. A Vida é a força do absoluto, do supremo, do Criador que tudo cria. Essa foi a sua descoberta:

Tudo o que existe é uma manifestação
do ser que denominamos Deus.

Tudo é Deus. E logo ele chegou à conclusão de que a percepção humana é apenas a luz que percebe a luz. Viu também que a matéria é um espelho — tudo é um espelho que reflete a luz e cria imagens a partir dessa luz — e o mundo da ilusão, o *Sonho,* é apenas fumaça que nos impede de enxergar quem realmente somos.

"O verdadeiro nós é puro amor, pura luz", disse ele. Essa compreensão mudou sua vida. Uma vez que soube quem realmente era, olhou ao redor em direção aos outros seres humanos e aos outros elementos da natureza. Ficou surpreso com o que viu. Em cada ser humano, animal ou árvore; na água, na chuva, nas nuvens, na terra — ele se via. A Vida misturava o *tonal* e o *nagual* de formas diferentes para criar bilhões de manifestações da Vida.

Naqueles poucos instantes ele compreendeu tudo. Ficou muito empolgado e seu coração se encheu de paz. Mal podia esperar para revelar ao seu povo as suas descobertas. Mas não havia palavras para explicar. Tentou falar com os outros, mas eles não conseguiam entender. Mas perceberam que o homem havia mudado, que algo bonito se irradiava dos seus olhos e da sua voz. Repararam que ele não julgava mais as coisas e as pessoas. Ele não era mais como os outros.

Embora entendesse os outros muito bem, ninguém conseguia entendê-lo. Acreditavam que ele fosse a encarnação viva de Deus.

puro amor

Ao ouvir isso, ele sorriu e disse: "É verdade. Sou Deus. Mas vocês também são. Somos o mesmo, vocês e eu. Somos imagens de luz. Somos Deus." Mesmo assim, as pessoas não o entenderam.

Havia descoberto que era um espelho para as outras pessoas, um espelho no qual podia observar a si mesmo. "Todo mundo é um espelho", ele disse. Viu a si mesmo em todos, mas ninguém o viu como eles mesmos.

Assim compreendeu que todos estavam sonhando, mas sem consciência, sem saber o que realmente eram.

Não podiam enxergá-lo como eles mesmos porque havia uma parede de nevoeiro entre os espelhos. Uma parede construída pela interpretação das imagens de luz — o *Sonho* dos seres humanos. Então percebeu que logo iria esquecer tudo o que aprendera. Como queria lembrar-se de todas as visões que tivera, decidiu chamar a si mesmo de Espelho Enevoado, para que sempre soubesse que a matéria é um espelho e a névoa do meio é o que nos impede de saber quem somos.

Ele disse: "Sou o Espelho Enevoado. Estou vendo a mim mesmo em todos vocês, mas não nos reconhecemos por causa do nevoeiro entre nós. Esse nevoeiro é o *Sonho*, e o espelho é você, o sonhador."

tudo é deus

Dream

Domesticação e o sonho do planeta

Capítulo 1

Domesticação e o sonho do planeta

É fácil viver com os olhos fechados, entendendo errado tudo o que você vê...
— John Lennon

Domesticação e o sonho do planeta

O que você está vendo e ouvindo neste momento não passa de um sonho. Você está sonhando agora. Sonhando com o cérebro acordado.

Sonhar é a principal função da mente, e os sonhos da mente duram 24 horas por dia. Sonhamos quando o cérebro está acordado e também quando ele dorme. A diferença é que, quando o cérebro está desperto, existe uma moldura material que nos faz perceber as coisas de forma linear. Quando vamos dormir, não temos essa moldura, e o sonho tende a mudar constantemente.

Os seres humanos estão sonhando o tempo todo. Antes que viéssemos ao mundo, os que existiram antes de nós criaram um grande sonho externo que denominamos sonho da sociedade ou *sonho do planeta*, um sonho coletivo de bilhões de sonhos pessoais menores. Juntos, eles formam o sonho da família, da comunidade, de uma cidade, de um país e, finalmente, o sonho de toda a humanidade. O sonho do planeta inclui todas as regras da sociedade: suas crenças, leis, religiões, suas diferenças culturais e formas de ser, seus governantes, escolas, eventos sociais e datas comemorativas.

Nascemos com a capacidade de aprender a sonhar, e os seres humanos que viveram antes de nós nos ensinaram a sonhar da forma que a sociedade sonha.

O sonho exterior possui tantas regras que, quando um novo ser humano nasce, atraímos a atenção da criança e apresentamos as regras à mente dela. O sonho exterior usa papai e mamãe, as escolas e a religião para nos ensinar a sonhar.

A *atenção* é a capacidade que possuímos de discriminar e focalizar apenas o que desejamos perceber. Podemos captar milhões de coisas ao mesmo tempo, mas, usando nossa atenção, somos capazes de manter qualquer uma delas no primeiro plano de nossa mente. Os adultos que nos cercam capturaram nossa atenção e nos transmitiram informações através da repetição. Essa é a forma pela qual aprendemos tudo o que sabemos.

Utilizando nossa atenção, aprendemos toda uma realidade, um sonho inteiro. Aprendemos como nos comportar em sociedade, em que acreditar e em que não acreditar, o que é bom e o que é mau, o bonito e o feio, o certo e o errado. Tudo já estava lá — todo esse conhecimento, todas as regras e conceitos sobre como comportar-se no mundo.

Quando você estava na escola, sentava-se numa cadeira pequena e dirigia sua atenção para os ensinamentos do professor. Quando ia à igreja, se concentrava naquilo que o padre ou o pastor dizia. É a mesma dinâmica com pais e mães, irmãos e irmãs: todos tentam capturar sua atenção. Aprendemos também a atrair os olhares atentos de outros seres humanos e desenvolvemos uma certa necessidade de atenção que pode se tornar extremamente competitiva. As crianças competem para ter a atenção dos pais, dos professores, dos amigos. "Olhe para mim! Veja o que estou fazendo! Ei, estou aqui." Essa necessidade se torna ainda mais forte e prossegue pela vida adulta.

O sonho exterior captura nossa atenção e nos ensina em que acreditar, começando pela linguagem que utilizamos. Ela é o código para o entendimento e a comunicação entre os seres humanos. Cada letra, cada palavra, em cada linguagem, é um acordo. Isso é o que chamamos, por exemplo, de página de um livro; a palavra *página* é um acordo que estabelecemos. Uma vez que se compreenda o código, nossa atenção é capturada e a energia é transferida de uma pessoa para outra.

Não foi sua escolha falar português. Você não escolheu sua religião nem os valores morais — eles já existiam antes de você nascer. Nunca tivemos a oportunidade de escolher em que acreditar ou não acreditar. Nunca escolhemos o menor desses acordos — nem sequer nosso próprio nome.

Quando crianças, não tivemos oportunidade de escolher nossas crenças, mas *concordamos* com a informação que nos foi passada sobre o sonho do planeta por intermédio de outros seres humanos. A única maneira de armazenar informações é por acordo. O sonho exterior pode captar nossa atenção, mas, se não concordarmos, não armazenamos essa informação. Assim que concordamos, *acreditamos*, e isso é chamado de fé. Ter fé é acreditar incondicionalmente.

Foi assim que aprendemos na infância. Crianças acreditam em tudo o que os adultos dizem. Concordamos com eles, e nossa fé é tão forte que controla todo o nosso sonho de vida. Não escolhemos essas crenças, e poderíamos nos ter rebelado contra elas, mas não tivemos força suficiente para provocar tal rebelião. O resultado é ceder às crenças com nosso *consentimento*. Chamo esse processo de a *domesticação de seres humanos*. Por intermédio dela, aprendemos como viver e como sonhar.

Nessa domesticação, a informação do sonho exterior é conduzida para o sonho interior, criando nosso sistema de crenças. Primeiro a criança aprende o nome das pessoas e das coisas: mamãe, papai, leite, garrafa. Dia a dia, em casa, na escola, na igreja e pela televisão, nos dizem como viver, que tipo de comportamento é aceitável. O sonho exterior nos ensina a ser um ser humano. Temos um conceito completo sobre o que é uma "mulher" e o que é um "homem". Também aprendemos a julgar: a nós mesmos, as outras pessoas, os vizinhos.

de humanos

As crianças são domesticadas da mesma forma que domesticamos um cão, um gato ou qualquer outro animal. Para ensinar um cachorro precisamos punir e dar recompensas a ele. Treinamos nossos filhos, a quem tanto amamos, da mesma forma que treinamos qualquer animal doméstico: a partir de um sistema de castigos e recompensas. Quando fazemos o que mamãe e papai querem que a gente faça, eles nos dizem: "Você é um bom menino" ou "Você é uma boa menina". Quando isso não acontece, somos "meninos maus" ou "meninas más".

Nas oportunidades em que nos voltamos contra as regras, fomos punidos; quando agimos de acordo com elas, ganhamos uma recompensa. Fomos castigados e recompensados muitas vezes ao longo dos dias. Por isso ficamos com receio de sofrer o castigo e também com medo de não ganharmos a recompensa, a atenção obtida de nossos pais, irmãos, professores e amigos. Logo desenvolvemos a necessidade de captar a atenção de outras pessoas para conquistar tal recompensa. A sensação é tão boa, que continuamos fazendo o que os outros querem que a gente faça. Com medo de ser punidos e de não ganhar a recompensa, passamos a fingir ser

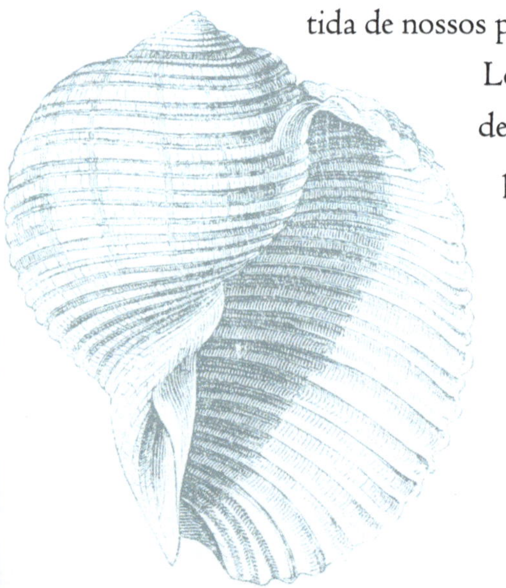

o que não somos apenas para agradar, só para sermos suficientemente bons para as outras pessoas. Tentamos agradar a mamãe e papai, os professores na escola, a Igreja, e com isso começamos a representar. Fingimos ser o que não somos porque temos medo de ser rejeitados. O medo de sermos rejeitados torna-se o medo de não sermos suficientemente bons. Mais tarde, acabamos por nos tornar alguém que não somos. Tornamo-nos cópias das crenças de mamãe, de papai, da sociedade e da religião.

Todas as nossas inclinações naturais são perdidas no processo da domesticação. E quando somos grandes o bastante para que nossa mente compreenda, aprendemos a palavra *não*. Os adultos dizem "Não faça isso, não faça aquilo". Nós nos rebelamos e dizemos "Não!" Isso porque estamos defendendo nossa liberdade. Queremos ser nós mesmos, mas somos pequenos, enquanto os adultos são grandes e fortes. Depois de um certo tempo, ficamos com medo porque sabemos que todas as vezes em que fizermos algo errado, seremos castigados.

A domesticação é tão forte que num determinado ponto de nossa vida não precisamos mais que ninguém nos domestique: nem mamãe, nem papai, nem a escola ou a Igreja. Somos tão bem-treinados que passamos a ser nosso próprio treinador. Somos um animal autodomesticado. Agora podemos domesticar a nós mesmos de acordo com a mesma crença no sistema que nos fornecemos, usando as mesmas técnicas de punição e recompensa. Punimos a nós mesmos quando não seguimos as regras e nos premiamos quando somos "bonzinhos" ou "boazinhas".

O sistema de crenças é como o Livro da Lei que regula nossa mente. Tudo o que estiver escrito nele é nossa verdade inquestionável. Baseamos nossos julgamentos segundo suas páginas, ainda que esses julgamentos e opiniões sejam contrários à nossa própria natureza. Até mesmo leis morais como os Dez Mandamentos são programados em nossas mentes no processo de domesticação. Um a um, todos esses compromissos passam a constar no Livro da Lei, e são eles que regem nosso sonho.

Existe algo em nossa mente que julga a tudo e a todos, incluindo o tempo, o cão, o gato... tudo. O Juiz interno usa o que está escrito no Livro da Lei para julgar o que fazemos e o que não fazemos, o que pensamos ou deixamos de pensar, além do que sentimos e deixamos de sentir. Tudo vive sob a tirania desse Juiz. Todas as vezes que fazemos alguma coisa que vai contra o Livro da Lei, ele diz que somos culpados, que precisamos ser punidos e que deveríamos nos envergonhar. Isso acontece muitas vezes, dia após dia, ao longo de todos os anos em que vivermos.

desafie

Existe outra parte de nós que recebe os julgamentos: chama-se a Vítima. A Vítima carrega a culpa, a responsabilidade e a vergonha. E também a parte de nós que lamenta: "Coitado de mim, não sou bom o bastante, não sou inteligente o suficiente, não sou atraente, nem digno de amor, pobre de mim." O grande Juiz concorda e diz: "Sim, você não é bom o suficiente." Tudo isso é baseado num sistema de crenças que não chegamos a escolher. Essas crenças são tão fortes que, mesmo anos mais tarde, depois que fomos expostos a novos conceitos e tentamos tomar nossas próprias decisões, descobrimos que elas ainda controlam nossas vidas.

O que quer que vá de encontro ao Livro da Lei fará você experimentar uma estranha sensação no plexo solar, que chamamos medo. Quebrar as regras do Livro abre seus ferimentos emocionais, e sua reação cria veneno emocional. Como tudo o que está escrito ali tem de ser verdade, qualquer coisa que desafie aquilo em que você acredita irá produzir uma sensação de insegurança. Mesmo que o Livro da Lei esteja errado, ele faz com que você se *sinta seguro.*

É por isso que precisamos de um bocado de coragem para desafiar nossas próprias crenças. Embora não tenhamos escolhido nenhuma delas, a verdade é que terminamos por concordar com todas. A concordância é tão forte que ainda que se entenda o conceito de que não são nossas verdades, sentimos culpa e vergonha quando nos colocamos contra essas regras.

Assim como o governo possui o Livro de Leis que regula o sonho da sociedade, o nosso sistema de crenças possui o Livro da Lei que regulamenta nosso sonho pessoal. Todas essas leis existem em nossa mente. Acreditamos nessas regras e é nelas que o Juiz dentro de nós se baseia. Ele decreta a sentença e a Vítima sofre a culpa e o castigo. Mas quem disse que existe justiça nesse sonho? A verdadeira justiça é pagar apenas uma vez por um erro; a *injustiça* verdadeira é pagar mais de uma vez. Quantas vezes pagamos por um erro cometido? A resposta é: milhares de vezes.

O ser humano é o único animal na Terra que paga milhares de vezes pelo mesmo erro. Todos os outros pagam apenas uma vez. Nós, não. Temos uma memória poderosa. Quando falhamos, julgamos a nós mesmos, descobrimos que somos culpados e nos encarregamos do castigo. Se a justiça existisse, não precisaríamos nos castigar outra vez. Mas cada vez que lembramos, tornamos a nos julgar, a nos culpar e a nos punir. Se formos casados, nossos parceiros também nos ajudarão a trazer nosso erro de volta — e assim nos julgamos, condenamos e castigamos muitas outras vezes. É justo isso?

Quantas vezes obrigamos nossos cônjuges, filhos e pais a pagar pelo mesmo erro? A cada vez que o recordamos, nós os culpamos novamente. Enviamos todo o veneno emocional produzido

Noventa e cinco por cento das crenças que temos armazenadas em nossas mentes não passam de mentiras. Sofremos porque acreditamos nelas.

pela injustiça, depois fazemos com que eles paguem outra vez pelo mesmo erro. Isso é justiça? O Juiz na mente está errado porque o sistema de crenças, o Livro da Lei, está errado. Todo o sonho é baseado em regras falsas.

No sonho do planeta é normal que os seres humanos sofram, vivam com medo e criem dramas emocionais. O sonho exterior não é agradável; é um sonho violento, de medo, de guerra, de injustiça. O sonho pessoal dos seres humanos pode variar, mas de forma global, geralmente é um pesadelo. Se observarmos a sociedade humana, veremos que se trata de um lugar muito difícil de viver porque é regido pelo medo. Em todo o mundo, vemos o ser humano sofrer, sentir raiva, vingar-se, viciar-se e provocar violência nas ruas, gerando uma tremenda quantidade de injustiça. É possível que ele exista em níveis diferentes nos vários lugares da Terra, mas o medo controla nosso sonho exterior.

Se compararmos o sonho da sociedade humana com a descrição do inferno fornecida por quase todas as religiões, descobrimos que são a mesma coisa. As religiões dizem que se trata de um local de punição, de medo, dor e sofrimento, um lugar onde o fogo queima a gente. O fogo é gerado por emoções que vêm do medo. Sempre que sentimos raiva, ciúme, inveja ou ódio, experimentamos um tipo de fogo queimando em nosso interior. Estamos vivendo um sonho do inferno.

Se você considera o inferno um estado de espírito, então ele se encontra à nossa volta. Os outros podem nos prevenir: se não fizermos o que eles dizem que devemos fazer, iremos para o inferno. Más notícias! Já estamos nele. Nós e as pessoas que nos disseram isso. Por isso é que nenhum ser humano pode condenar outro ao inferno. É verdade que podem nos colocar num inferno ainda mais profundo. Mas apenas se permitirmos que isso aconteça.

Cada ser humano possui o seu sonho pessoal e, assim como o sonho da sociedade, geralmente é regido pelo medo. Aprendemos a sonhar o inferno em nossa própria vida. Os mesmos medos se manifestam de formas diferentes para cada pessoa, claro, mas experimentamos a raiva, o ciúme, o ódio, a inveja e outras emoções negativas. Nosso sonho pessoal também pode se tornar um pesadelo constante, em que sofremos e vivemos em estado de medo. Porém, não temos necessidade de sonhar um pesadelo. É possível fabricar um sonho agradável.

Toda a humanidade busca a verdade, a justiça e a beleza. Vivemos numa busca eterna pela verdade porque só acreditamos nas mentiras que possuímos armazenadas na mente.

Procuramos justiça porque no sistema de crenças que adotamos ela não existe. Buscamos a beleza porque, independente de quão bela seja uma pessoa, não acreditamos na sua beleza. Tudo já está dentro de nós, mas continuamos procurando sem parar. Não existe verdade a encontrar. Sempre que voltamos nossas cabeças, o que vemos é a verdade, mas com os compromissos e crenças que temos na mente, não temos olhos para enxergá-la. Somos todos cegos.

O que nos impede de ver são as crenças falsas mantidas em nossas mentes. Temos a necessidade de estar certos e de tornar os outros errados. Confiamos no que acreditamos, e nossas crenças nos predispõem ao sofrimento. É como se vivêssemos no meio de um nevoeiro que não nos permite enxergar um palmo além do nariz. Um nevoeiro que nem ao menos é real. Esse nevoeiro é um sonho, seu sonho pessoal: aquilo em que você acredita, os conceitos que definem quem você é, os compromissos que assumiu com os outros, com você mesmo e até com Deus.

Toda a sua mente é um nevoeiro que os toltecas chamam de *mitote*. Sua mente é um sonho em que mil pessoas conversam ao mesmo tempo, e ninguém entende o outro. Essa é a condição da mente humana — um grande *mitote*. Graças a ele, você não consegue enxergar o que realmente é. Na Índia, o *mitote* é chamado de

ilusão

maya, que significa "ilusão". É a noção pessoal do "Eu sou". Tudo em que você acredita sobre si mesmo, sobre o mundo, todos os conceitos e programas que você tem na mente, todos formam o *mitote*. Não conseguimos ver quem realmente somos; não conseguimos perceber que não somos livres.

Por isso, os seres humanos resistem à vida. A morte não é o maior medo que os homens possuem; nosso maior medo é estar vivo. Assumir o risco de viver e de expressar o que somos na realidade. Simplesmente ser quem somos — esse é o nosso grande medo. Aprendemos a viver nossa vida tentando satisfazer as expectativas alheias. Aprendemos a viver pelos pontos de vista de outras pessoas, por causa do receio de não sermos aceitos e de não estarmos à altura do que esperam de nós.

Durante o processo da domesticação, para tentarmos ser bons o suficiente, formamos uma imagem do que é a perfeição. Criamos um ideal de como devemos ser para que todos nos aceitem. Tentamos especialmente agradar aos que nos amam, como mamãe e papai, nossos irmãos e irmãs mais velhos, os sacerdotes e os professores. Tentando ser bons para eles, criamos uma imagem de perfeição, mas não nos encaixamos nessa imagem. Ela não é real. Nunca iremos ser perfeitos sob esse ponto de vista. Nunca! Não sendo perfeitos, rejeitamos a nós mesmos. O nível de autorrejeição depende de quão efetivos foram os adultos ao quebrar nossa integridade.

Consumada a domesticação, não se trata mais de sermos bons o suficiente para outras pessoas. Não podemos perdoar a nós mesmos por não sermos o que desejamos, ou melhor, o que *acreditamos* que queremos ser. Não podemos nos perdoar por não sermos perfeitos. Sabemos que não somos quem deveríamos ser e, portanto, nos sentimos falsos, frustrados e desonestos. Tentamos nos esconder de nós mesmos, e fingimos ser quem não somos. O resultado é que nos sentimos autênticos, usando máscaras sociais para evitar que os outros percebam. Temos medo de que alguém mais repare que não somos quem pretendemos ser. Julgamos igualmente os outros de acordo com nossa imagem de perfeição, e, naturalmente, eles não correspondem às nossas expectativas.

Nós nos desonramos só para agradar outras pessoas. Chegamos a fazer mal ao nosso corpo físico apenas para sermos aceitos pelos outros. Você vê adolescentes tomando drogas para evitar a rejeição dos seus iguais. Eles não sabem que o problema vem do fato de eles não se aceitarem. Rejeitam a si mesmos porque não são o que fingem ser. De uma certa forma, até gostariam de ser, mas não são, e por isso carregam a vergonha e a culpa. Os seres humanos vivem se punindo por não serem quem acreditam que devem ser. Tornamse autodestrutivos, e usam igualmente as pessoas para fazerem mal a si próprios.

Mas ninguém pode nos fazer mal com tanta eficiência quanto nós mesmos, e o Juiz, a Vítima e o sonho social são responsáveis por isso. É verdade, encontramos pessoas que dizem que o marido ou a esposa, a mãe ou o pai as fazem sofrer, mas você sabe que nos prejudicamos muito mais do que isso. A forma como nos julgamos é o pior juiz que jamais existiu. Se cometemos um erro na frente de outras pessoas, tentamos negá-lo e encobrir tudo. Assim que ficamos sozinhos, entretanto, o Juiz se torna forte, e a sensação de culpa assume proporções enormes; sentimo-nos estúpidos, maus ou indignos.

Durante toda a sua vida ninguém fez você sofrer mais do que você mesmo. E o limite desse autossofrimento é exatamente o limite que você irá tolerar nos outros. Se alguém faz você sofrer um pouco mais do que você mesmo, provavelmente você se afastará dessa pessoa. Mas se alguém faz com que você sofra menos do que você costuma fazer, com certeza permanecerá no relacionamento, sendo capaz de tolerá-lo infindavelmente.

Se você se impõe sofrimentos grandes demais, pode até tolerar alguém que bate em você, humilha-o e o trata como um verme. Por quê? Porque em seu sistema de crenças é como se você dissesse: "Eu mereço. Essa pessoa está me fazendo um favor por estar comigo. Não sou digno de amor e respeito. Não sou bom o suficiente."

amor-próprio

Temos necessidade de ser reconhecidos e amados, mas não podemos aceitar e amar a nós mesmos. Quanto mais nos valorizamos, menos iremos experimentar o autossofrimento. O autossofrimento vem da autorrejeição, e a autorrejeição por sua vez vem da imagem que criamos sobre o que significa ser perfeito sem nunca atingir esse ideal. Nossa imagem de perfeição é o motivo pelo qual rejeitamos a nós mesmos; é por isso que não nos aceitamos da maneira que somos e não aceitamos os outros da forma que são.

Prelúdio de um novo sonho

Existem centenas de compromissos que você firmou consigo mesmo, com as outras pessoas, com seu sonho de vida, com Deus, com a sociedade, com seus pais, cônjuge e filhos. Contudo, os mais importantes são os que você fez consigo mesmo, dizendo quem você é, como se sente, no que acredita e como deve se comportar. O resultado é o que você chama de personalidade. Nesses compromissos você diz: "Isso é o que sou. Isso é aquilo em que acredito. Posso fazer certas coisas e outras, não. Essa é a realidade, aquela é a fantasia. Isso é possível, aquilo é impossível."

Um único compromisso não representa tanto problema, mas muitos deles nos fazem sofrer e fracassar.

Se você quer viver uma vida de alegria e realização, precisa encontrar coragem para romper esses compromissos baseados no medo e reclamar seu poder pessoal.

Os compromissos que vêm do medo exigem um bocado de energia, mas aqueles que derivam do amor nos ajudam a conservar nossa energia e, ainda, receber uma carga energética extra.

Cada um de nós nasce com uma determinada quantidade de poder pessoal, que pode ser reconstruída a cada dia após um descanso. Infelizmente, desperdiçamos tudo — primeiro para criar esses compromissos, depois, para mantê-los. Nosso poder pessoal é dissipado por todas as obrigações criadas, e o resultado disso é que nos sentimos vazios e frágeis. Temos poder suficiente para sobreviver a cada dia, porque a maior parte dele é usada para manter os compromissos que nos atrelam ao sonho do planeta. Como podemos transformar o sonho de nossa vida quando não temos força sequer para mudar o menor compromisso?

Se não gostamos do sonho de nossa vida, precisamos alterar os compromissos que nos regulam. Quando, finalmente, estivermos prontos para mudá-los, quatro compromissos poderosos nos ajudarão a quebrar aqueles que vêm do medo e drenam nossa energia.

A cada vez que se rompe um acordo, o poder usado para criá-lo retorna ao seu dono.

Se você adotar esses quatro novos compromissos, eles criarão poder pessoal suficiente para alterar todo o seu antigo sistema de obrigações.

Você precisa de muita força de vontade para adotar os Quatro Compromissos — mas se você conseguir começar a viver sua vida de acordo com eles, a transformação será impressionante. Você verá o inferno desaparecer diante dos seu olhos. Em vez de viver um sonho infernal, estará criando um novo sonho — seu sonho pessoal do céu.

Dream

O primeiro compromisso

Capítulo 2

O PRIMEIRO COMPROMISSO

SEJA IMPECÁVEL COM SUA PALAVRA

Fale com integridade. Diga apenas aquilo em que acredita. Fuja de fofocas e comentários negativos. Use o poder da sua palavra na direção da verdade e do amor.

Seja impecável com sua palavra

O primeiro compromisso é o mais importante e também o mais difícil de cumprir. Com ele, você será capaz de transcender ao nível de existência que chamo de céu na Terra.

Seja impecável com sua palavra. Parece simples, mas é extremamente poderoso. Por que sua palavra? Ela é o poder que você tem de criar, o dom que vem diretamente de Deus. O Livro do Gênesis, na Bíblia, falando da criação do universo, diz: "No início havia o Verbo, e o Verbo era com Deus, e o Verbo era Deus." Através da palavra você expressa seu poder criativo. É por meio dela que você manifesta tudo.

Independente de qual seja a língua que você fala, sua intenção se manifesta por intermédio da palavra. O que você sonha, sente e realmente é serão manifestados mediante a palavra.

Ela não é apenas um som ou um símbolo escrito. A palavra é força; é o poder que você possui de expressar-se e de comunicar-se, de pensar, e, portanto, de criar os eventos em sua vida. Você pode falar. Que outro animal no planeta possui esse dom?

A palavra é a mais poderosa ferramenta que você possui como ser humano; é o instrumento da magia. Porém, como uma faca de dois gumes, ela pode criar o sonho mais belo ou destruir tudo ao seu redor.

Uma das lâminas é o mau uso da palavra, que cria um verdadeiro inferno. A outra lâmina é a impecabilidade da palavra, que apenas cria beleza, amor e o céu na Terra. Dependendo de como é usada, ela pode libertá-lo ou escravizá-lo mais do que imagina. Toda a magia que você possui está baseada em sua palavra. Sua palavra é pura magia, e o mau uso dela é magia negra.

Ela é tão poderosa que uma única palavra pode mudar ou destruir a vida de milhões de pessoas. Alguns anos atrás, usando a palavra, um homem na Alemanha manipulou todo um país formado de pessoas inteligentes. Ele as conduziu a uma guerra mundial usando apenas o poder de sua palavra. Convenceu os outros a cometerem os piores atos de violência. Ativou o medo das pessoas e, como uma grande explosão em cadeia, ocorreram assassinatos e a guerra se disseminou no mundo inteiro. Seres humanos destruíram outros seres humanos porque tinham medo uns dos outros. Baseada em crenças e compromissos gerados pelo medo, a palavra de Hitler será lembrada por muitos séculos.

A mente humana é como um terreno fértil onde sementes estão sendo plantadas continuamente. Essas sementes são opiniões, ideias e conceitos. Você planta um grão, e a mente humana é tão fértil! O único problema é que, frequentemente, ela também fertiliza as sementes do medo. A mente do ser humano pode ser fértil, mas apenas em relação às sementes para as quais é preparada. O importante é saber que tipo de semente ela está propícia a fertilizar, e daí então prepará-la para receber os grãos do amor.

Vamos tomar o exemplo de Hitler. Ele enviou todas aquelas sementes de medo. Elas germinaram e conseguiram provocar uma destruição em massa. Conscientes do enorme poder da palavra, precisamos compreender que tipo de poder sai de nossas bocas. Um temor ou dúvida plantado em nossas mentes é capaz de gerar um drama infinito de eventos. A palavra é como um encantamento, e

crie beleza

os seres humanos costumam usá-la como feiticeiros, encantando impensadamente uns aos outros.

Cada ser humano é um mágico. Através da palavra podemos não só encantar como libertar alguém de um encantamento. Lançamos feitiços a todo instante com nossas opiniões. Quer um exemplo? Vejo um amigo e lhe dou uma opinião que acabou de passar por minha mente. Digo: "Hum... estou vendo no seu rosto aquela mesma cor das pessoas que vão ter câncer." Se ele me ouvir e concordar, irá desenvolver a doença em menos de um ano. Esse é o poder da palavra. Durante nossa domesticação, nossos pais e irmãos deram opiniões a nosso respeito sem sequer refletir. Acreditamos nessas opiniões e vivemos com medo delas — como, por exemplo, não ser bom em natação, em outro esporte, ou na arte de escrever. Alguém diz: "Veja, aquela menina é feia!" Ela escuta, acredita e cresce com a ideia de que é feia. Não importa quão bonita ela seja; enquanto mantiver esse compromisso consigo mesma, irá acreditar que é feia. Esse é o encantamento que a atinge. Ao captar nossa atenção, a palavra pode entrar em nossa mente e alterar todo um conceito — para melhor ou pior.

Outro exemplo: você pode acreditar que não é inteligente e ter acreditado nisso até onde vai sua lembrança. Esse compromisso talvez seja capcioso, levando você a fazer muitas coisas para provar que é burro. Provavelmente, dirá a si mesmo: "Gostaria de ser esperto, mas devo ser estúpido ou não teria feito aquilo." A mente percorre centenas de direções diferentes e poderíamos passar dias sendo atraídos apenas pela crença em sua própria estupidez.

Até que um dia alguém prende sua atenção e, usando a palavra, diz que você não é estúpido. Você acredita no que aquela pessoa está dizendo e faz um novo compromisso. Como resultado disso, não se sente nem age mais como estúpido.

Um encantamento inteiro é quebrado apenas pelos poderes da palavra.

De forma análoga, se você acredita não ser inteligente e alguém prende sua atenção e diz: "É verdade, você é a pessoa mais estúpida que eu já conheci", o acordo será reforçado e se tornará ainda mais forte.

Agora vamos examinar o significado da palavra *impecabilidade*, que quer dizer "sem pecado". Impecável vem do latim *peccatu*, que

Quando você é impecável, assume responsabilidade por suas ações, mas você não se julga ou se culpa.

significa "pecado". O prefixo *im* é igual a "sem"; portanto, *impecável* é "sem pecado". As religiões falam sobre pecado e pecadores, mas vamos compreender o que realmente significa pecar. Um pecado é algo que se faz contra si mesmo. Tudo o que você sente, acredita ou diz que se volta contra você mesmo — ou seja, toda vez que você se julga ou culpa por alguma coisa — é um pecado. Ser impecável é não contrariar sua natureza. É assumir a responsabilidade por seus atos, sem julgamentos ou culpas.

Desse ponto de vista, todo o conceito de pecado se transforma de alguma coisa moral ou religiosa para algo que pertence ao senso comum. O pecado começa quando você se rejeita. Autorrejeição é o maior de todos os pecados. Em termos religiosos, trata-se de um "pecado mortal", que leva à morte. *Impecabilidade,* por outro lado, leva à vida.

Ser *impecável com sua palavra* é não usá-la contra você mesmo. Se eu o encontro na rua e o chamo de estúpido, parece que estou usando a palavra contra você. Na realidade, eu a estou usando contra mim mesmo, já que você vai me odiar por isso, e o seu ódio não é bom para mim. Portanto, se eu fico zangado e, com minha palavra, envio todo o veneno emocional para você, estou usando minha palavra contra mim.

Se amo a mim mesmo, irei expressar esse amor interagindo com você, e então serei impecável com a palavra, para que aquela ação produza uma reação análoga. Se eu amo você, então serei correspondido. Se eu insultá-lo, você me insultará. Se eu lhe demonstrar gratidão, você terá gratidão por mim. Se eu for egoísta, você também será. Se eu usar a palavra para colocar um encantamento em você, você irá colocar um encantamento em mim.

> Ser impecável com a própria palavra é empregar corretamente a sua energia; é usá-la na direção da verdade e do amor por você mesmo.

Se você assumir o compromisso de ser impecável com sua palavra, basta essa intenção para que a verdade se manifeste por seu intermédio e limpe todo o veneno emocional que existe em seu interior. No entanto, é difícil firmar esse compromisso porque aprendemos a fazer exatamente o oposto. Temos aprendido a mentir como um hábito de comunicação — não apenas com os outros, mas com nós mesmos. Não somos impecáveis com a palavra.

O poder da palavra é utilizado de forma completamente errada no inferno. Costumamos usar a palavra para amaldiçoar, culpar, causar remorso, destruir. Claro, podemos usá-la no sentido correto, mas não com muita frequência. Na maior parte do tempo ela é usada para espalhar nosso veneno pessoal — expressando raiva, ciúme, inveja e ódio. A palavra é magia pura — o presente mais poderoso que temos como seres humanos —, e a usamos contra nós mesmos. Planejamos vingança. Criamos o caos no mundo. Usamos a palavra para criar ódio entre raças e pessoas diferentes, entre famílias e nações. Fazemos mau uso dessa força com muita frequência — e essa é nossa forma de criar e perpetuar o sonho do inferno. É assim que nos desvalorizamos — nós e os outros — e nos mantemos em estado de medo e dúvida. Como o mau uso da palavra é magia negra, estamos o tempo todo lidando com o mal, ignorando os efeitos mágicos que a nossa palavra é capaz de produzir.

Havia uma mulher, por exemplo, que era inteligente e tinha um ótimo coração. Ela tinha uma filha que adorava e amava muito. Uma noite voltou para casa depois de um dia ruim no trabalho, cansada, tensa e com uma terrível dor de cabeça. Ela queria paz e sossego, mas sua filha cantava e pulava alegremente. Alheia ao estado emocional da mãe, a menina encontrava-se em seu próprio mundo, em seu próprio sonho. Sentia-se maravilhosa, expressando sua alegria e amor, saltando e cantando cada vez mais alto. Cantava tão alto que piorava a dor de cabeça de sua mãe que, num determinado momento, irritada, perdeu o controle: "Cale a boca! Você tem uma voz horrível. Não pode ficar quieta?"

A verdade é que, naquele momento, a tolerância materna em relação a qualquer coisa era nula. Mas a filha acreditou nas palavras da mãe e assumiu um compromisso consigo mesma. Depois disso, não cantou mais, acreditando que a própria voz era feia e iria incomodar quem a ouvisse. Mostrou-se tímida na escola e, quando lhe pediam que cantasse, ela recusava. Até mesmo falar com os outros tornou-se difícil para ela. Tudo mudou nessa menina por causa do novo compromisso assumido: se quisesse ser aceita e amada, ela teria que suprimir suas emoções.

Sempre que escutamos uma opinião e acreditamos nela, estabelecemos um compromisso que se torna parte do nosso sistema de crenças. Essa menina cresceu, e embora tivesse uma bela voz, jamais cantou outra vez. Desenvolveu um complexo a partir de um encantamento. Um encantamento lançado sobre ela pela pessoa que mais a amava: a própria mãe. Sua mãe nem reparou nas consequências de suas palavras. Não reparou que usou magia negra para encantar a própria filha. Não conhecia o poder de sua palavra, e, portanto, não podia ser culpada. Fez o que a própria mãe, o pai e outros educadores fizeram a ela de várias formas. Com o mau uso inconsciente da palavra.

Quantas vezes fazemos isso com nossos próprios filhos? Emitimos esse tipo de opinião, obrigando-os a carregar essa magia negra por anos e anos a fio. As pessoas que nos amam fazem isso conosco, mas não se dão conta. Por isso precisamos perdoá-las. Elas não sabem o que fazem.

Outro exemplo: você acorda de manhã sentindo-se muito feliz. Sente-se tão bem que permanece por uma ou duas horas em frente ao espelho, embelezando-se. Bem, um de seus melhores amigos chega e diz: "O que aconteceu com você? Está horrível. Olhe só esse vestido, é ridículo." Pronto, é o suficiente para colocar você a caminho do inferno. Talvez ele só tenha dito isso para magoar você. E conseguiu. Emitiu uma opinião com todo o poder da palavra dele como apoio. Se você a aceitar, ela se tornará um compromisso e você colocará todo o seu poder nela. Essa opinião se transforma em magia negra.

Esses tipos de encantamento são difíceis de quebrar. A única maneira de fazer isso — desfazer um encantamento — é realizar um novo compromisso baseado na verdade. A verdade é a parte mais importante de ser impecável com sua palavra. De um lado do fio da espada estão as mentiras, que criam magia negra, e do outro está a verdade, que possui o poder de quebrar esse encantamento.

Apenas a verdade pode nos libertar.

Observando as reações diárias dos seres humanos, imagine quantas vezes atiramos encantamentos uns nos outros com nossa palavra. Com o tempo, essa interação se torna a pior forma de magia negra, que chamamos de *mexerico* ou *fofoca*. Fofocar é praticar magia negra em seu pior aspecto, porque é puro veneno. Aprendemos a fazer isso firmando um compromisso. Quando éramos crianças, escutávamos os adultos ao nosso redor fofocando o tempo todo, dando abertamente suas opiniões sobre outras pessoas, inclusive sobre indivíduos que não conheciam. O veneno emocional era transferido com as opiniões e aprendíamos que essa era uma forma normal de comunicar-se.

Fofocar tornou-se a forma principal de comunicação na socie-dade humana. É assim que nos aproximamos uns dos outros,

A verdade é a parte mais importante de ser impecável com sua palavra.

porque nos sentimos melhor ao ver que eles se sentem tão mal quanto nós. Existe uma antiga expressão que diz: "A miséria gosta de companhia", e as pessoas que sofrem no inferno não querem ficar sozinhas. O medo e o sofrimento são parte importante no drama planetário; são a maneira de o sonho do planeta nos manter agachados.

Fazendo a analogia da mente humana com o computador, as fofocas poderiam ser comparadas aos vírus. Um vírus de computador é um programa escrito na mesma linguagem que todos os outros códigos de programas, porém carrega uma intenção danosa. Esse código é introduzido no interior do programa do seu computador quando você menos espera, e sem o seu conhecimento. Depois que ele é introduzido, sua máquina não funciona direito, ou simplesmente deixa de funcionar. Isso porque os códigos se confundem tanto com as mensagens conflitantes que param de produzir os resultados esperados.

As fofocas humanas funcionam exatamente da mesma forma. Por exemplo, você está começando uma nova aula com um professor, e aguarda isso há muito tempo. No primeiro dia de aula, você se encontra com alguém que já cursou aquela matéria, que lhe diz: "Ah, esse professor é um sujeito pernóstico. Não faz ideia do que está falando. E, cuidado, já ouvi dizer que ele é tarado!"

Imediatamente você se impressiona com aquelas palavras e com o código emocional da pessoa quando disse isso, mas não está consciente das motivações dela. Ela poderia estar irritada por não ter conseguido passar naquela disciplina, ou talvez estivesse simplesmente fazendo uma suposição baseada em medo e preconceito. Mas como você aprendeu a ingerir informações com uma criança, alguma parte do seu ser acredita naquele comentário. Durante a aula, enquanto o professor fala, você sente o veneno se formando em seu espírito e não percebe que está vendo o professor através dos olhos da pessoa que fez a fofoca. Então começa a falar para os seus colegas de classe da mesma forma: um pernóstico e tarado. Você odeia a aula, e logo decide desistir. Culpa o professor, mas a verdadeira culpada é a fofoca.

Toda essa confusão pode ser causada por um único vírus de computador. Um pequeno trecho de desinformação é capaz de interromper a comunicação entre pessoas, infectando cada indivíduo, que passa a contagiar outros. Tente imaginar o processo: cada vez que os outros fofocam com você, inserem um vírus de computador em sua mente, fazendo com que pense menos claramente. Depois, num esforço para limpar a própria confusão e conseguir alívio do veneno, você fofoca e espalha esse vírus para mais alguém.

Agora, imagine esse padrão caminhando numa corrente infinita entre todos os seres humanos da Terra. O resultado é um mundo cheio de pessoas que podem apenas receber informações através dos circuitos entupidos com um vírus contagioso e venenoso. É ele que os toltecas chamam de *mitote,* o caos de milhares de vozes diferentes, todas tentando falar ao mesmo tempo na mente.

Ainda pior são os feiticeiros ou "hackers de computador", os que intencionalmente espalham o vírus. Recorde a época em que você ou algum conhecido estava zangado com outra pessoa e desejava se vingar. Você disse alguma coisa para ou sobre a pessoa com a intenção de espalhar veneno e fazer com que essa pessoa se sentisse mal consigo mesma. Quando crianças, fazemos isso sem pensar, mas quando crescemos nos tornamos muito mais calculistas em nossos esforços para rebaixar outra pessoa. Então mentimos para nós mesmos e dizemos que essa pessoa recebeu um castigo justo para seus malfeitos.

Quando enxergamos o mundo através de um vírus de computador, é fácil justificar o comportamento mais cruel. O que deixamos de perceber é que o mau uso de nossa palavra está nos enterrando cada vez mais no sonho do inferno.

Por anos a fio assimilamos fofocas e opiniões dos outros, mas agimos conosco da mesma forma. Constantemente, nos dizemos coisas como: "Puxa, estou gordo. Estou feio. Estou ficando velho, estou perdendo os cabelos. Sou estúpido, nunca entendo nada. Jamais serei bom o suficiente, e nunca serei perfeito." Está vendo como usamos nossa palavra contra nós mesmos?

> Precisamos começar a compreender o que a palavra *é* e o que a palavra *faz*.

Se você entender o primeiro compromisso — *ser impecável com sua palavra* — você passa a perceber todas as mudanças que podem acontecer em sua vida. Primeiro, na forma como você lida consigo mesmo, e, depois, na forma como lida com as outras pessoas, especialmente aquelas que mais ama.

Considere quantas vezes você fofocou sobre a pessoa amada para conquistar o apoio de outros para o seu ponto de vista. Quantas vezes você capturou a atenção alheia e espalhou veneno sobre quem mais ama, a fim de tornar sua posição correta? Sua opinião não é nada além do seu ponto de vista. Não é necessariamente verdadeira. Ela deriva de suas crenças, do seu próprio ego e do seu próprio sonho. Criamos todo esse veneno e o espalhamos aos outros, para que possamos nos imaginar certos em nosso ponto de vista.

Se adotarmos o primeiro acordo e nos tornarmos impecáveis em relação a nossa palavra, qualquer veneno emocional será limpo de nossa mente e de toda a comunicação em nossos relacionamentos pessoais, incluindo nosso animal de estimação, cão ou gato.

A impecabilidade no mundo também irá conferir imunidade em relação a alguém colocando um encantamento em você. Você apenas receberá a ideia negativa se sua mente for um terreno fértil para essa ideia. Quando você se torna impecável em relação a sua palavra, sua mente não mais fertiliza palavras que formam a magia negra. Ao invés disso, é um terreno fértil para palavras que venham do amor. Você pode medir a impecabilidade de sua palavra pelo seu nível de amor-próprio. Quanto você ama a si mesmo e como

impecável

se sente em relação a si mesmo são diretamente proporcionais à qualidade e integridade de sua palavra. Quando você é impecável com suas palavras, sente-se bem, feliz e em paz.

Você pode transcender o sonho do inferno apenas firmando o compromisso de ser impecável com sua palavra. Neste instante estou plantando essa semente em sua cabeça. Se ela vai ou não crescer, depende de quão fértil sua mente é para as sementes do amor. Cabe a você firmar esse compromisso com você mesmo: "*Sou impecável com minha palavra.*" Cuide dessa semente e, à medida que ela germinar em sua mente, irá gerar mais sementes de amor para substituir as sementes de ódio. Esse primeiro compromisso irá mudar o tipo de semente que brota de sua mente.

Ser impecável com a própria palavra. Este é o primeiro compromisso que você deve fazer se quiser ser livre, se quiser ser feliz, se quiser transcender o nível de existência que é o inferno. Use a palavra para espalhar o amor. Use magia branca, começando com você mesmo. Repita para si próprio quão maravilhoso você é, como é grande. Diga a si mesmo como gosta de você. Use a palavra para quebrar todos os pequenos compromissos que o fazem sofrer.

É possível. É possível porque eu fiz isso, e não sou melhor do que você. Não, somos exatamente a mesma coisa. Temos o mesmo tipo de cérebro e o mesmo tipo de corpo; somos humanos. Se eu fui capaz de quebrar esses compromissos e criar novos, então você pode fazer a mesma coisa. Se posso ser impecável com minha palavra, por que você não pode? Esse compromisso somente é capaz de mudar toda a sua vida.

A impecabilidade da palavra pode levar à liberdade pessoal, ao sucesso e à abundância; pode facilmente dissolver todo o medo e transformá-lo em alegria e amor.

Imagine só o que você pode criar com a impecabilidade da palavra. Pode transcender o sonho do medo e viver uma vida diferente. Pode viver no céu no meio de milhares de pessoas que vivem no inferno, porque você se torna imune a esse inferno. Pode atingir o reino do céu apenas com este compromisso: *seja impecável com sua palavra.*

personal

O segundo compromisso

Capítulo 3
O segundo compromisso

Não leve nada para o lado pessoal

Nada do que os outros fazem é por sua causa. O que dizem e fazem é uma projeção de sua própria realidade, de seu próprio sonho. Quando você se torna imune às opiniões e ações alheias, não será vítima de um sofrimento desnecessário.

Não leve nada para o lado pessoal

Na verdade, os três compromissos seguintes se originam do primeiro. O segundo deles é: *não leve nada para o lado pessoal.*

O que quer que aconteça com você, não tome como pessoal. Usando o exemplo já mencionado, se o vejo na rua e digo: "Você é um estúpido", sem conhecê-lo, não estou falando de você, estou falando de mim. Se levar para o lado pessoal, talvez você acredite que é estúpido. Talvez possa dizer para si mesmo: "Como ele sabe? Será clarividente? Ou todos percebem que não passo de um estúpido?"

Você leva tudo para o lado pessoal porque concorda com o que está sendo dito. Assim que concorda, o veneno passa através de você e o prende no sonho do inferno. O que causa sua própria captura é o que chamamos de *importância pessoal,* a expressão máxima do egoísmo.

Cometemos a presunção de achar que tudo é sobre "nós". Durante o período de nossa educação — ou domesticação — aprendemos a levar tudo para o lado pessoal. Achamos que somos responsáveis por tudo. Eu, eu, eu e sempre eu!

Nada do que os outros fazem é motivado por você. É por causa deles mesmos. Todas as pessoas vivem em seu próprio sonho, em sua própria mente; estão num mundo completamente diferente daquele no qual vivemos. Quando levamos algo para o lado pessoal, presumimos que os outros sabem o que está em nosso mundo — aquilo que tentamos impor ao mundo deles.

Mesmo quando uma situação parece pessoal, mesmo que os outros o insultem diretamente, não tem nada a ver com você. O que dizem, o que fazem e as opiniões que emitem estão de acordo com os compromissos que as pessoas possuem em suas mentes. O ponto de vista deles provém de toda a programação que receberam durante a domesticação.

Se alguém emite uma opinião e diz "Nossa, como você engordou!", não a leve para o lado pessoal. A verdade é que essa pessoa está lidando com os próprios sentimentos, crenças e opiniões. Ela está tentando envenená-lo, e se você levar isso para o lado pessoal, então estará aceitando esse veneno, que se torna seu. Levar as coisas para o lado pessoal torna você presa fácil desses predadores, os feiticeiros de palavras. Eles conseguem captar sua atenção com uma pequena opinião e injetam todo o veneno que desejam; como você levou para o lado pessoal, acaba aceitando tudo.

Você aceita o lixo emocional deles, que passa a ser o seu. Mas se você ignorar tais comentários, estará imune, mesmo no meio do inferno.

Imunidade ao veneno no meio do inferno
é a dádiva desse compromisso.

Quando você leva os acontecimentos para o lado pessoal, sente-se ofendido e sua reação é defender suas crenças e criar conflitos. Você faz uma tempestade num copo d'água porque tem a necessidade de estar certo e tornar todos os outros errados. Você também tenta estar certo, fornecendo suas próprias opiniões. Da mesma forma, o que quer que sinta e faça é apenas uma projeção de seu sonho pessoal, um reflexo dos próprios compromissos. O que diz, o que faz e as opiniões que emite estão de acordo com os compromissos que você firmou — e esses compromissos nada têm a ver comigo.

Não é importante para mim o que você pensa a meu respeito, por isso não levo para o lado pessoal. Quando as pessoas dizem "Miguel, você é o máximo", ou quando dizem "Miguel, você é péssimo", não levo para o lado pessoal. Sei que, quando estiverem felizes, vão me dizer: "Miguel, você é um anjo." Mas quando estiverem zangados, provavelmente irão me dizer: "Miguel, você é nojento. Como pode dizer uma coisa dessas?" Nada me afeta porque sei o que sou. Não tenho a necessidade de ser aceito. Não preciso ter alguém dizendo "Nossa, como você é bom!" ou "Como ousa fazer uma coisa dessas?".

Não levo as coisas para o lado pessoal. O que quer que você pense, como quer que se sinta, sei que é problema seu, não meu. É a forma como você vê o mundo. Não se trata de nada pessoal. Você está lidando consigo mesmo, não comigo. Os outros vão ter outra opinião, de acordo com seu sistema de crenças. Portanto, nada do que pensem a meu respeito corresponde a mim, mas a eles.

Você pode me dizer: "Miguel, o que está dizendo me magoa." Mas não é o que estou dizendo que o está magoando; é que você possui feridas que eu toco com o que digo. Você está magoando a si mesmo.

Não existe forma de eu levar para o lado pessoal. Não porque eu não acredite ou não confie em você, mas porque sei que enxerga o mundo com olhos diferentes — os seus olhos. Você cria uma imagem ou um filme em sua mente, e nessa imagem você é o diretor, o produtor e o protagonista. Todos os outros são coadjuvantes. É o seu filme. A forma como você vê esse filme é resultado dos compromissos que firmou com a vida.

> Seu ponto de vista é estritamente pessoal.
> Não é a verdade de ninguém, e sim a sua.

Então, se você fica bravo comigo, sei que está lidando consigo mesmo. Sou uma desculpa para você se irritar. E você fica bravo porque está lidando com o medo. Se não está com medo, não existe motivo para se irritar comigo. Se você não tem medo, não há motivo para me odiar. Se você não tem medo, não há motivo para sentir ciúme ou tristeza.

sem medo

Se você vive sem medo, se você ama, não existe lugar para essas emoções. Se não sentir nenhuma dessas emoções, é lógico que se sinta bem. Quando se sente bem, tudo ao seu redor está bem. Quando tudo ao seu redor está ótimo, qualquer coisa o faz feliz. Você está amando tudo em volta porque está amando a si mesmo. Porque gosta da maneira como você é. Porque está contente consigo mesmo. Porque está contente com sua vida. Você está satisfeito com o filme que está produzindo, com seus compromissos de vida. Você está em paz e sente-se feliz. Vive nesse estado de graça, no qual tudo é maravilhoso e tudo é tão bonito. Nesse estado de graça, você está produzindo amor o tempo todo com tudo o que percebe.

O que quer que as pessoas façam, sintam, pensem ou digam, *não leve para o lado pessoal.* Se disserem como você é maravilhoso, não

não leve para

o estão dizendo por sua causa. Você sabe que é maravilhoso. Não é necessário acreditar quando as pessoas dizem que você é maravilhoso. Não leve *nada* para o lado pessoal. Mesmo se alguém pegou uma arma e deu um tiro em sua cabeça, não foi nada pessoal. Até nessa situação extrema.

> A opinião que você faz de si mesmo pode não ser verdadeira; portanto, não há necessidade de levar para o lado pessoal tudo o que escuta em sua própria mente.

A mente possui a capacidade de falar consigo mesma, mas também tem a capacidade de ouvir informações de outros reinos. Algumas vezes você escuta uma voz em sua mente e talvez fique imaginando de onde ela vem. A voz pode ter vindo de outra realidade na qual os seres humanos são muito semelhantes à mente humana. Os toltecas chamam esses seres de Aliados. Na Europa, África e Índia são chamados de Deuses. Nossa mente

o lado pessoal

também existe no nível dos Deuses. Ela vive nessa realidade e pode percebê-la.

A mente vê com os olhos e percebe essa realidade em estado de vigília. Mas ela também vê e percebe sem os olhos, embora a razão raramente se dê conta dessa percepção. A mente vive em mais de uma dimensão. Existem ocasiões em que você tem ideias que não se originaram em sua mente, mas as está percebendo com sua mente. Você tem o direito de acreditar ou não acreditar nessas vozes e o direito de não levar para o lado pessoal o que elas dizem. Temos a opção de acreditar ou deixar de acreditar nas vozes que escutamos no interior de nossas mentes, assim como temos uma opção ao decidir no que acreditar e concordar no sonho do planeta.

A mente também pode falar e escutar. Ela é dividida exatamente como o seu corpo. Assim como você pode dizer: "Penso numa das mãos e posso sacudir e sentir minha outra mão", a mente também pode dizer para si mesma. Parte dela está falando e outra está escutando. Torna-se um grande problema quando milhares de partes de sua mente estão falando ao mesmo tempo. Chamamos isso de *mitote*, lembra?

O *mitote* pode ser comparado a um grande supermercado onde milhares de pessoas estão falando e negociando ao mesmo tempo. Cada uma tem pensamentos e sentimentos diferentes; cada uma tem um ponto de vista diferente. A programação mental, todos

Temos a opção de acreditar ou deixar de acreditar nas vozes que escutamos no interior de nossas mentes, assim como temos uma opção ao decidir no que acreditar e concordar no sonho do planeta.

os compromissos assumidos, não são necessariamente compatíveis uns com os outros. Cada compromisso se comporta como um ser humano separado; possui sua própria personalidade e sua própria voz. Quando entram em conflito provocam uma grande guerra na mente.

O *mitote* é o motivo pelo qual os humanos mal sabem o que querem, como querem ou quando querem. Vivem confusos e desorientados porque existem partes da mente que desejam uma coisa e outras que desejam exatamente o oposto. Algumas dessas partes não concordam com certos pensamentos e ações que são tolerados por uma outra parte da mente. Todos esses pequenos seres criam um conflito interior porque estão vivos e possuem voz própria. Somente fazendo um inventário de nossos compromissos é que poderemos descobrir quais são esses conflitos e, mais tarde, ordenar o caos do *mitote*.

Não leve nada para o lado pessoal, porque ao fazer isso você sofre por nada.

não há necess

> Os seres humanos são viciados em sofrer de várias formas diferentes, e apoiam uns aos outros quando se trata de manter esse vício.

Se você tem necessidade de sofrer, vai encontrar facilmente quem o ajude nessa missão. Da mesma forma, se você está ao lado de pessoas que precisam de sofrimento, algo em você irá levá-lo a produzir essa dor. É como se elas tivessem um cartaz nas costas dizendo: "Por favor, me machuque." Estão pedindo uma justificativa para o próprio sofrimento. O vício de sofrer não passa de um compromisso reafirmado todos os dias.

Para onde quer que vá, encontrará pessoas mentindo para você. E quando sua consciência aumenta, você percebe que também mente para si mesmo. Não espere que as pessoas lhe digam a verdade, porque elas também mentem para si mesmas. Você precisa confiar mais em você e escolher acreditar ou não no que alguém lhe diz.

dade de sofrer

liberdade

Quando realmente enxergamos as pessoas como elas são, sem levar para o lado pessoal, nunca poderemos ser feridos pelo que elas digam ou façam. Mesmo que os outros mintam para você, não há problema. Estão mentindo porque têm medo. Têm medo de que você descubra que eles não são perfeitos. É doloroso retirar a máscara social. Se os outros dizem uma coisa e fazem outra, você estará mentindo para si mesmo se não prestar atenção nos atos deles. Se for verdadeiro consigo mesmo, irá poupar um bocado de dor emocional. Dizer a verdade a si mesmo pode magoar, mas você não precisa ficar ligado nessa dor. A cura já foi iniciada e torna-se apenas uma questão de tempo até que as coisas melhorem para você.

Se alguém não o está tratando com amor e respeito, é melhor que se afaste de você. Se não se afastar, você vai permanecer anos a fio sofrendo com ela. Esse afastamento pode magoar por um instante, mas seu coração irá curar-se disso. Então você saberá escolher o que realmente deseja. Acabará descobrindo que para fazer as escolhas certas não precisa confiar nos outros tanto quanto precisa confiar em si mesmo.

Transformar esse segundo compromisso num hábito evitará muitos aborrecimentos em sua vida. Sua raiva, sua inveja e seu ciúme irão desaparecer; até mesmo a tristeza irá dissolver-se quando você aprender a não levar as coisas para o lado pessoal. Habitue-se a agir assim e descobrirá que nada pode conduzi-lo de volta ao inferno.

Uma grande quantidade de liberdade
fica acessível quando você deixa
de levar as coisas para o lado pessoal.

Você se torna imune à magia negra, e nenhum encantamento é capaz de afetá-lo, não importa quão poderoso seja. Todo mundo pode fofocar a seu respeito, ou lhe enviar veneno emocional intencionalmente, mas se você não levar para o lado pessoal, estará imune. Quando não aceitamos a dor emocional, ela se torna pior para quem a enviou, e não consegue nos atingir.

Veja como esse compromisso é importante. Ele ajuda a quebrar muitos hábitos e rotinas que nos prendem ao sonho do inferno e causam sofrimento desnecessário. Basta praticá-lo para você começar a quebrar dúzias de pequenos outros compromissos dolorosos. A prática dos primeiros dois compromissos irá quebrar 75 por cento das pequenas obrigações que o mantinham ligado ao inferno.

Escreva esse compromisso num papel e coloque-o na geladeira para lembrar você todo o tempo: *não leve nada para o lado pessoal.* Enquanto você se acostuma a essa prática, não vai precisar depositar sua confiança no que os outros dizem ou fazem. Para fazer escolhas responsáveis só precisará confiar em si mesmo.

Você nunca é responsável pela ação dos outros; só é responsável por você mesmo. Ao compreender verdadeiramente essa realidade, recusando-se a levar as coisas para o lado pessoal, você dificilmente será atingido pelos comentários descuidados ou pelas ações de terceiros.

Se você mantém esse compromisso, pode viajar ao redor do mundo com o coração completamente aberto e ninguém será capaz de lhe fazer mal. Pode dizer "Eu amo você" sem medo de ser ridículo ou rejeitado. Você aprende a pedir o que precisa. Pode dizer sim ou não — qualquer que seja sua escolha — sem culpa ou autojulgamento. Pode escolher sempre seguir seu coração. Então estará no meio do inferno e será capaz de experimentar paz e felicidade. Imerso em seu estado de graça, o inferno não será capaz de afetá-lo.

O terceiro compromisso

Capítulo 4

O Terceiro Compromisso

Não tire conclusões

Crie coragem para fazer perguntas e expressar o que realmente deseja. Comunique-se com os outros o mais claramente possível para evitar mal-entendidos, tristeza e drama. Com este compromisso, você poderá transformar sua vida completamente.

Não tire conclusões

O terceiro compromisso é: *não tire conclusões.*

Temos a tendência a tirar conclusões sobre tudo. Presumir. O problema é que *acreditamos* que elas são verdadeiras. Poderíamos jurar que são reais. Tiramos conclusões sobre o que os outros estão fazendo e pensando — levamos para o lado pessoal —, então os culpamos e reagimos enviando veneno emocional com nossa palavra. Por isso, sempre que fazemos presunções, estamos pedindo problemas. Tiramos uma conclusão, entendemos errado, levamos isso para o lado pessoal e acabamos criando um grande conflito do nada.

Toda tristeza e drama de sua vida foram causados pelo fato de você ter tirado conclusões e levado as coisas para o lado pessoal.

Pare um instante para examinar essa afirmativa. Toda a teia de controle que envolve os seres humanos vem daí. Todo o nosso sonho de inferno é baseado nisso. Criamos muito veneno emocional apenas tirando conclusões e fazendo isso de forma pessoal, porque geralmente começamos a tagarelar sobre nossas conclusões. Lembre-se, fofocar é a forma como nos comunicamos no sonho do inferno e transferimos veneno de uns para os outros. Como ficamos com medo de pedir esclarecimentos, tiramos conclusões e acreditamos estar certos sobre elas; depois as defendemos e tentamos tornar a outra pessoa errada.

Sempre é melhor fazer perguntas do que tirar conclusões, porque as conclusões nos predispõem ao sofrimento.

O grande *mitote* na mente humana cria um bocado de caos, que faz com que interpretemos mal e tudo errado. Apenas enxergamos o que queremos enxergar e escutamos o que queremos escutar. Temos o hábito de sonhar sem base na realidade. Literalmente, sonhamos coisas com nossa imaginação. Quando não entendemos algum fato, tiramos uma conclusão sobre o significado dele. Assim que a verdade aparece, as bolhas de nossos sonhos estouram e descobrimos que não coincidem em absoluto com o que imaginávamos.

Um exemplo: você está andando no shopping e encontra uma pessoa de quem gosta. Ela se volta para você, sorri e se afasta. É possível tirar várias conclusões baseado nessa experiência. A partir delas você pode criar toda uma fantasia. E você realmente quer acreditar nessa fantasia e torná-la real. Todo um sonho começa a formar-se e você pode acreditar: "Puxa, essa pessoa gosta de mim." Em sua mente, um relacionamento inteiro se desenrola. Talvez até você se case nessa sua terra da fantasia. Mas a fantasia é na *sua* mente, em seu sonho pessoal.

Tirar conclusões em relacionamentos é pedir problemas. Frequentemente, presumimos que nossos parceiros sabem o que pensamos e que não temos necessidade de expressar nossos desejos. Presumimos que eles irão fazer o que queremos porque nos conhecem muito bem. Se não fizerem o que presumimos que fariam, nos sentimos magoados e dizemos: "Você devia saber."

Outro exemplo: você resolve se casar, e pressupõe que sua companheira enxerga o casamento da mesma forma que você. Depois, vivem juntos e descobrem que não é verdade. Isso cria um bocado de conflito, mas, mesmo assim, você não tenta esclarecer seus sentimentos a respeito do casamento. O marido chega do trabalho, a esposa está brava, e o marido não sabe por quê. Talvez seja porque a mulher tirou uma conclusão. Sem lhe dizer o que quer, presume que ele a conheça tão bem que saiba o que ela deseja, como se pudesse ler sua mente. A mulher fica brava porque o marido não atinge essa expectativa. Tirar conclusões num relacionamento leva a muitas brigas, dificuldades e desentendimentos com pessoas que supostamente amamos. Em qualquer tipo de relacionamento podemos presumir que os outros sabem o que pensamos e que não precisamos dizer o que queremos. Eles farão o que queremos porque nos conhecem muito bem. Se não fizerem o que desejamos, quando presumimos que fariam isso, nos sentimos magoados e pensamos: "Como é que você pôde fazer isso comigo? Devia saber." Outra vez presumimos que o outro deveria conhecer os nossos desejos. Todo um drama é criado porque tiramos uma conclusão e, a partir dela, muitas outras.

É interessante observar como a mente humana trabalha. Temos a necessidade de justificar tudo, de explicar e compreender tudo para sentir segurança.

Temos milhões de perguntas que precisam de respostas porque existem muitas coisas que a mente racional não consegue explicar. Não importa se a resposta é correta; uma resposta já nos faz sentir seguros.

Por isso presumimos. Se os outros nos contam algo, tiramos conclusões; se não nos contam, também tiramos, para preencher nossa necessidade de saber e suprir a necessidade de comunicação. Mesmo quando escutamos alguma coisa e não compreendemos, tiramos conclusões e depois acreditamos nelas. Tudo isso porque não temos a coragem de fazer perguntas.

Essas conclusões são rápidas e inconscientes porque na maior parte do tempo mantemos compromissos nesse sentido. Concordamos que não é seguro fazer perguntas; se as pessoas nos amam, devem saber exatamente o que desejamos e como nos sentimos. Quando acreditamos em algo, presumimos que estamos certos sobre aquilo, chegamos ao ponto de destruir relacionamentos para defender nossas posições.

Presumimos que todos enxergam a vida da mesma forma que nós. Presumimos que os outros pensam da mesma forma que nós, sentem da mesma forma que nós, julgam como nós julgamos e sofrem como nós sofremos. Essa é a maior presunção que o ser humanos pode ter.

Por isso, temos medo de ser nós mesmos em presença dos outros. Achamos que todos estarão nos julgando e vi-timando, nos fazendo sofrer e nos culpando, tal como fazemos a nós mesmos. Portanto, antes que os outros tenham uma chance de nos rejeitar, nós nos rejeitamos. É assim que funciona a mente humana.

não tire

Também tiramos conclusões sobre nós mesmos, e com isso criamos um bocado de conflito interior. "Acho que sou capaz de fazer isso." Você tira essa conclusão, e depois descobre que não foi capaz de fazer. Você se superestima ou subestima porque não resolveu parar e formular perguntas a si mesmo para depois respondê-las. Talvez precise reunir mais fatos sobre uma determinada situação. Ou talvez precise parar de mentir a si mesmo sobre o que deseja.

Frequentemente, quando você inicia um relacionamento com alguém, precisa justificar por que gosta daquela pessoa. Enxerga apenas o que deseja enxergar e nega que existam características naquela pessoa de que você não gosta em absoluto. Mente para si mesmo, a fim de ficar com a razão. Em seguida, passa a tirar conclusões, e uma delas pode ser: "Meu amor vai mudar essa pessoa." Porém, isso não é verdade. Seu amor não pode mudar ninguém. Se os outros mudam, é porque desejam mudar, não porque você pode mudá-los. Então, algo acontece entre os dois e você se magoa. Repentinamente, enxerga o que não quis enxergar antes, e isso é amplificado pelo seu veneno

conclusões

emocional. Agora você precisa justificar sua dor emocional e culpa os defeitos por suas escolhas.

Não precisamos justificar o amor de forma alguma; ele está presente ou não. O amor verdadeiro é aceitar a outra pessoa da forma que ela é, sem tentar mudá-la. Se tentamos fazer isso é porque na verdade não gostamos dela. Claro, se você decide viver com alguém, se firmou tal compromisso, sempre é melhor fazer isso com uma pessoa que seja exatamente da forma que você deseja. Descubra alguém que você não precise mudar. É muito mais fácil encontrar alguém que já é da forma que você gosta, em vez de tentar mudar essa pessoa. Igualmente, ela precisa amá-lo da forma que você é. Por que estar com alguém que não é quem você desejaria que fosse?

Devemos ser quem somos, de modo que não precisemos apresentar uma falsa imagem. Se você me ama da forma como sou, "Muito bem, me aceite". Se você não me ama da forma

comunique-se

A forma de evitar tirar conclusões é fazer perguntas. Certifique-se de que a comunicação é clara. Se você não compreende, pergunte.

como sou, "Muito bem, até logo. Procure outra pessoa". Pode soar radical, mas esse tipo de comunicação significa que os compromissos pessoais que fazemos com outros são claros e impecáveis.

Imagine o dia em que você não vai tirar conclusões sobre seu parceiro e, mais tarde, com todas as outras pessoas em sua vida. Sua forma de se comunicar irá mudar completamente, e seus relacionamentos não mais sofrerão com compromissos criados por falsas presunções.

A forma de evitar tirar conclusões é fazer perguntas. Se você não compreende, pergunte. Tenha a coragem de perguntar até que as coisas fiquem tão claras quanto possível, e, mesmo assim, nunca imagine que sabe tudo o que há para saber numa determinada situação. Uma vez ouvida a resposta, não terá de tirar conclusões, porque saberá a verdade.

Da mesma forma, prepare-se para perguntar o que quiser saber. Todos têm o direito de responder sim ou não, mas você também tem o direito de perguntar.

Se não compreende alguma coisa, é melhor perguntar e saber do que tirar qualquer conclusão. No dia em que você parar de presumir, irá se comunicar com clareza e pureza, livre de veneno emocional. Sem tirar conclusões, sua palavra se torna impecável.

Com clareza de comunicação, todos os seus relacionamentos irão mudar, não apenas com seu companheiro, mas com todos os outros. Não será necessário tirar conclusões, porque tudo se tornará claro. É isso o que desejo; é isso o que você deseja. Se nos comunicarmos sempre assim, nossa palavra se tornará impecável. Se todos os humanos pudessem se comunicar com a impecabilidade da palavra, não existiriam guerras, violência ou mal-entendidos. Todos os problemas humanos poderiam ser resolvidos se tivéssemos uma comunicação boa e clara.

Este, portanto, é o Terceiro Compromisso: *não tire conclusões*. Dizer isso parece fácil, e sei que é uma coisa muito difícil de fazer. É difícil porque fazemos o oposto com muita frequência. Temos hábitos e rotinas mentais dos quais não nos damos conta. Tornar-se consciente desses hábitos e compreender a importância desse compromisso é o primeiro passo. Mas não é o suficiente.

A informação ou a ideia é apenas a semente em sua cabeça. O que realmente faz diferença é a ação. Reafirmar a ação várias vezes fortalece sua vontade, alimenta a semente e estabelece uma base sólida para que os novos hábitos germinem.

Depois de muitas repetições, esses novos compromissos se tornarão uma segunda natureza, e você perceberá a mágica de sua palavra transformá-lo de um praticante de magia negra em praticante de magia branca, aquele que usa a palavra para criar, dar, partilhar e amar.

> Tornando esse compromisso um hábito, toda a sua vida será completamente transformada.

Quando você transforma todo o seu sonho, a mágica acontece em sua vida. Aquilo de que precisa lhe vem facilmente, porque o espírito se move com liberdade através de você. É o domínio da intenção, o domínio do espírito, o domínio do amor, o domínio da gratidão e o domínio da vida. Esse é o objetivo dos toltecas. Esse é o caminho para a liberdade pessoal.

O quarto compromisso
BEST

Capítulo 5

O QUARTO COMPROMISSO

DÊ SEMPRE O MELHOR DE SI

O seu melhor irá variar de momento para momento; será diferente nos momentos de saúde e nos de doença. Sob qualquer circunstância, simplesmente dê o melhor de si. Assim você evitará autojulgamento, autoabuso e arrependimento.

Dê sempre o melhor de si

Existe apenas mais um compromisso, porém é o que permite que os outros três se tornem hábitos profundamente enraizados. O quarto compromisso se refere à ação dos outros três: *dê sempre o melhor de si.*

Sob qualquer circunstância, sempre faça o melhor possível, nem mais, nem menos. Porém, tenha em mente que o seu "melhor" nunca será o mesmo de um instante para outro. Tudo está vivo e mudando o tempo todo; portanto, fazer o melhor algumas vezes pode produzir alta qualidade e outras vezes não será tão bom. De manhã, quando você acorda, descansado e energizado, o seu "melhor" tem mais qualidade do que quando você está cansado, à noite. Seu "melhor" possui mais qualidade quando você está saudável do que quando doente, ou sóbrio em vez de bêbado. Seu "melhor" vai depender de você estar se sentindo maravilhosamente feliz ou aborrecido, zangado, ciumento. Nos diferentes estados de espírito do dia, seu humor pode mudar de um instante para outro, de uma hora para outra ou de um dia para outro. Seu "melhor" também irá se alterar ao longo do tempo. À medida que você se habitua aos Quatro Compromissos, seu "melhor" irá se tornar mais e mais eficiente.

Independente da qualidade, continue dando o melhor de si, nem mais, nem menos. Se você se esforçar demais para conseguir seu "melhor", irá gastar mais energia do que é necessário, e no final seu "melhor" não será o suficiente. Quando você exagera, esgota seu corpo e vai contra si mesmo, leva mais tempo para alcançar seu objetivo. Se fizer menos do que seu "melhor", vai sujeitar-se a frustrações, autojulgamento, culpas e arrependimentos.

Simplesmente, dê o melhor de si — em qualquer circunstância da sua vida. Não importa se você está doente ou cansado, se der sempre o melhor de si, não haverá forma de julgar a si mesmo. E, se não julga a si mesmo, não há forma de ficar sujeito à culpa, ao arrependimento e à autopunição. Fazendo sempre o melhor, você vai quebrar um encantamento sob o qual sempre esteve.

Havia um homem que, desejando transcender seu sofrimento, foi a um templo budista para encontrar um Mestre que o ajudasse. Dirigiu-se a ele e perguntou:

— Mestre, se eu meditar quatro horas por dia, quanto tempo vou levar para me iluminar?

O Mestre olhou para ele e respondeu:

— Se você meditar quatro horas por dia, provavelmente atingirá a iluminação em dez anos.

Imaginando que poderia fazer melhor, o homem perguntou:

— Mestre, e se eu meditar oito horas por dia, quanto tempo levarei para transcender?

— Se meditar oito horas por dia, talvez possa atingir a iluminação em vinte anos — respondeu o Mestre.

— Mas por que levarei mais tempo se meditar mais? — indagou o homem.

— Você não está aqui para sacrificar sua alegria ou sua vida. Você está aqui para viver, para ser feliz, para amar. Se puder dar o melhor de si em duas horas de meditação... Mas se você gasta oito horas, só vai se cansar, perder o objetivo principal e não aproveitará sua vida. Dê o melhor de si e talvez aprenda que não importa quanto tempo você medita, pode viver, amar e ser feliz.

Dando o melhor de si, você vai viver intensamente sua vida. Será produtivo, será bom para você mesmo, porque irá se doar à sua família, à sua comunidade, a todos. Mas é a ação que irá fazê-lo sentir a mais intensa felicidade.

> Quando você sempre faz o melhor, pode assumir a ação. Fazer o melhor é assumir a ação, porque você ama isso, não porque espera uma recompensa.

A maioria das pessoas faz exatamente o oposto: só age quando espera uma recompensa e não aprecia a ação. E esse é o motivo por que não fazem o melhor. Por exemplo, a maioria das pessoas

assuma a ação

vai para o trabalho todos os dias pensando apenas no pagamento e no dinheiro que irá conseguir com o trabalho feito. Elas mal podem esperar pela sexta-feira e pelo sábado, ou qualquer que seja o dia de o pagamento sair. Estão trabalhando pela recompensa e, como resultado disso, resistem ao trabalho. Tentam evitar a ação, o que a torna mais difícil; portanto, não fazem o melhor.

Trabalham muito ao longo da semana, sofrendo pelo trabalho, sofrendo pela ação não porque gostem, mas porque sentem que devem. Precisam trabalhar porque precisam pagar o aluguel, sustentar a família. Carregam toda essa frustração e, quando recebem o dinheiro, estão infelizes. Têm dois dias para fazer o que quiserem, e o que fazem? Tentam escapar. Ficam bêbadas porque não gostam de si mesmas. Não gostam de suas vidas. Existem muitas formas de magoar a nós mesmos quando não gostamos de quem somos.

Por outro lado, se você agir apenas pelo prazer de agir, sem esperar recompensa, vai descobrir que gosta de todas as suas ações. As recompensas virão, mas você não está ligado a elas. Pode até mesmo ganhar mais do que imaginou sem esperar nada em troca. Se gostamos do que fazemos e sempre fazemos o nosso melhor, então estamos realmente apreciando a vida. Estamos nos divertindo sem sentir tédio e sem acumular frustrações.

Quando você dá o melhor de si, não dá ao Juiz a oportunidade de descobrir sua culpa ou de condená-lo. Se fez o seu "melhor" e o

Juiz tenta julgá-lo de acordo com seu Livro da Lei, você vai obter a resposta: "Fiz o melhor possível." Não existem arrependimentos. Por isso, sempre fazemos o melhor. Não é um compromisso fácil de manter, mas ele vai libertá-lo de verdade.

Quando você faz o melhor que pode, aprende a aceitar a si mesmo. Mas é preciso estar atento e aprender com os erros. Isso significa praticar, observar com honestidade os resultados e continuar praticando. Isso aumenta sua consciência.

Na verdade, fazer o melhor não parece trabalho, porque você gosta do que quer que faça. Sabe que está fazendo o melhor possível quando está apreciando a ação ou realizando-a de uma forma que não lhe provoque reações negativas.

> Você dá o melhor de si porque tem vontade, não porque precisa, nem porque está tentando agradar ao Juiz ou a outras pessoas.

Se você age porque precisa agir, então não existe forma de fazer o melhor. O melhor seria não fazer. Deve fazer o melhor porque agir assim em todos os momentos deixa *você* contente. Quando está realizando o melhor de si apenas pelo prazer de fazer bem-feito, você está agindo porque aprecia agir.

Agir é viver plenamente. Não agir é a forma de negar a vida. É sentar em frente à televisão todos os dias por muitas horas porque você tem medo de estar vivo e assumir o risco de expressar quem é. Agir significa expressar quem você é. Pode ter muitas ideias na cabeça, mas o que faz toda a diferença é a ação. Sem a ação depois de uma ideia não existe manifestação, nem resultados ou recompensas.

Um bom exemplo disso vem da história de Forrest Gump. Ele não tinha grandes ideias, mas agia. Era feliz porque sempre se entregava a tudo o que fazia. Era ricamente recompensado sem esperar nenhuma recompensa. Assumir a ação é estar vivo. É assumir o risco de sair e expressar seu sonho. É diferente de impor seu sonho aos outros, porque todos têm o direito de expressar o próprio sonho.

Fazer o melhor é um grande hábito para ser cultivado. Faço o melhor em tudo o que realizo e sinto. Esse comportamento tornou-se um ritual em minha vida porque quis que fosse assim. É uma crença como qualquer outra que escolhi acreditar.

Eu faço de tudo um ritual, e sempre dou o meu melhor. Tomar um banho é um ritual para mim. Com essa ação digo a meu

corpo o quanto gosto dele. Faço meu melhor para preencher as minhas necessidades corporais. Faço o melhor para dar ao meu corpo e receber o que ele tem a me dar.

Na Índia, realizam um ritual chamado *puja*. Nesse ritual, tomam ídolos que representam Deus de muitas formas diferentes e os banham, alimentam-nos e dão amor a eles. O ídolo em si não é importante, mas sim a forma como realizam o ritual, a maneira como dizem: "Amo você, Deus." Deus é vida. Deus é vida em ação. A melhor forma de dizer "Amo você, Deus" é deixar o passado de lado e viver o momento presente, aqui e agora.

Qualquer coisa que a vida tome de você, deixe que vá. Quando você se rende e dá adeus ao passado, permite a si mesmo estar plenamente vivo no momento presente. Deixar o passado para trás significa que você pode aproveitar o sonho que está acontecendo agora.

Se você vive num sonho de passado, não pode aproveitar o que está acontecendo agora, porque sempre deseja que ele seja diferente do que é. Não existe tempo para ter saudade de algo ou de alguém, porque você está vivo. Não aproveitar o que acontece no aqui e agora é viver no passado e estar vivo pela metade. Isso leva à autopiedade, sofrimento e lágrimas.

Você nasceu com o direito de ser feliz. Nasceu com o direito de amar, de aproveitar e compartilhar seu amor. Você está vivo.

Qualquer coisa que
a vida tome de você,
deixe que vá. Quando
você se rende e dá
adeus ao passado,
permite a si mesmo estar
plenamente vivo no
momento presente.

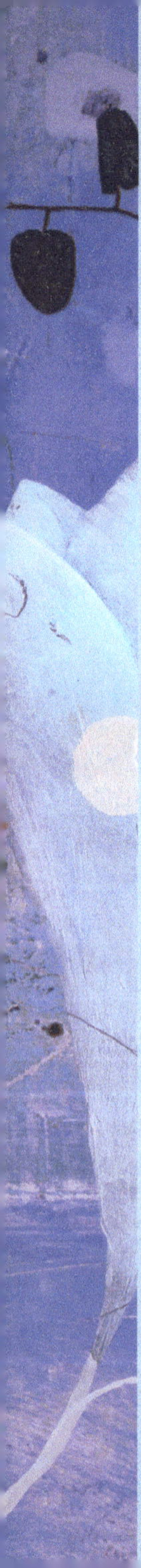

Portanto, tome sua vida e a aproveite. Não resista à vida que está passando através de você, porque é Deus passando através de você. Apenas sua existência prova a existência de Deus. Sua existência prova a existência da vida e da energia.

Não precisamos saber ou provar coisa alguma. Simplesmente ser, assumir o risco e apreciar a vida é tudo o que importa. Diga "não" quando tiver de dizer "não" e "sim" quando tiver de dizer "sim". Você tem o direito de ser você. E só pode ser você quando dá o melhor de si. Quando não dá o melhor de si, está se negando o direito de ser você. Essa é uma semente que deve alimentar em sua mente. Você não precisa de grande sabedoria nem de grandes conceitos filosóficos. Não precisa da aceitação dos outros. Você expressa sua divindade estando vivo e amando a si mesmo e aos outros. É uma expressão divina dizer: "Ei, eu amo você."

Os primeiros três compromissos só vão funcionar se você fizer o melhor. Não espere sempre poder ser impecável com as palavras. Seus hábitos rotineiros são fortes e enraizados demais em sua mente. Mas você sempre pode fazer o melhor. Não espere nunca levar nada para o lado pessoal;

sempre dê o

faça o melhor possível. Não espere que vá parar de tirar conclusões, mas com certeza você pode fazer o seu melhor. Dando o melhor de si, os hábitos de usar errado a palavra, de levar as coisas para o lado pessoal e de tirar conclusões irão se tornando cada vez mais fracos e menos frequentes. Você não precisa julgar a si mesmo, sentir-se culpado ou castigar-se se não conseguir manter os compromissos. Se estiver fazendo o melhor possível, irá sentir-se bem consigo mesmo, ainda que tire conclusões, que leve as coisas para o lado pessoal e que não seja impecável com sua palavra.

Se você sempre fizer o melhor, uma vez depois da outra, irá tornar-se um mestre da transformação. A prática faz a maestria. Fazendo o melhor, irá tornar-se um mestre. Tudo o que você já aprendeu, foi por meio da repetição. Aprendeu a escrever, a dirigir e até mesmo a andar por repetição. Você é um mestre em utilizar sua linguagem porque praticou. A ação é que faz a diferença.

Se você der o melhor de si na procura da liberdade pessoal, na busca do amor-próprio, vai descobrir que é apenas uma questão de tempo até conseguir o que deseja. Não se trata de sonhar acordado ou passar horas em meditação. Você precisa se levantar e ser humano. Precisa honrar o homem ou a mulher que é. Respeite, aproveite e ame seu corpo; alimente-o, limpe-o e cure-o. Exercite-o e faça o que ele se sente bem em fazer. Esse é o *puja* de seu corpo, isso é a comunhão entre você e Deus. Você não precisa adorar ídolos da Virgem Maria, de Cristo ou de Buda. Você pode, se quiser; se é bom, faça. Seu próprio corpo é uma manifestação de Deus, e se você honrá-lo, tudo vai mudar em sua vida.

Quando pratica o hábito de amar cada parte de seu corpo, planta sementes em sua mente, e quando elas germinarem, você irá amar, honrar e respeitar seu corpo imensamente. Cada ação se torna um ritual no qual você está honrando a Deus. O passo seguinte é honrar a Deus com todos os pensamentos, emoções, crenças, até mesmo com o que é "certo" e "errado". Cada pensamento torna-se uma comunhão com Deus. Você irá viver um sonho sem julgamentos, sem fazer o papel da vítima, além de libertar-se da necessidade de fofocar e provocar autossofrimento.

Quando você honra esses quatro compromissos, não existe maneira de viver no inferno. *Não existe maneira.* Você irá controlar cem por cento de sua vida.

pratique

Se você for impecável com sua palavra, se não levar nada para o lado pessoal, se não tirar conclusões e der sempre o melhor de si, terá uma bela vida.

Os Quatro Compromissos são um sumário do poder da arte da transformação, um dos domínios dos toltecas. Você transforma o inferno no céu. O sonho do planeta é transformado em seu sonho pessoal de céu. A sabedoria está lá, só esperando que você a use. Os Quatro Compromissos estão lá; você só precisa adotá-los e respeitar seu domínio e poder.

Você simplesmente oferece o melhor de si para respeitar esses compromissos. Você pode fazer isso hoje: escolho honrar os Quatro Compromissos. São tão simples e lógicos que até uma criança é capaz de compreendê-los. Mas você precisa ter uma grande força de vontade para cumpri-los. Por quê? Porque aonde quer que vamos, encontramos nosso caminho cheio de obstáculos. Cada um deles tenta sabotar nosso acordo, e tudo ao nosso redor é uma armadilha para quebrá-lo. O problema é que os outros compromissos são parte do sonho do planeta. Estão vivos, e são muito fortes.

Por isso, você precisa ser um grande caçador, um grande guerreiro, apto a defender esses Quatro Compromissos com sua vida. Sua felicidade, sua liberdade, toda a sua maneira de viver depende disso. O objetivo do guerreiro é transcender esse mundo, escapar desse inferno e nunca mais voltar. Como os toltecas nos ensinaram, a recompensa é transcender a experiência humana de sofrimento, tornar-se a encarnação divina. Esse é o prêmio.

Realmente, precisamos usar cada migalha de poder que possuímos para ter sucesso ao manter esses compromissos. De início, eu não esperava conseguir. Caí muitas vezes, mas me levantei e segui em frente. Caí outras vezes e prossegui. Não senti pena de mim mesmo. Não havia como me sentir assim. Eu dizia: "Se caí, sou forte o suficiente, sou inteligente o suficiente, e posso conseguir." Fiquei de pé e continuei meu caminho. Caí e continuei caminhando, e a cada vez foi mais fácil. Ainda assim, no início foi muito duro e difícil.

Portanto, se você cair, não julgue. Não dê ao seu Juiz a satisfação de transformá-lo em vítima. Não seja duro consigo mesmo. Erga-se e faça o compromisso novamente. "Muito bem, quebrei meu acordo. Não fui impecável com minha palavra. Mas vou começar outra vez. Vou manter os Quatro Compromissos só por hoje. Serei impecável com minha palavra, não levarei nada para o lado pessoal, não tirarei conclusões e farei o melhor possível."

> Se você romper um compromisso, comece outra vez no dia seguinte, e novamente no dia que virá depois.

No início, será difícil, mas a cada dia se tornará mais e mais fácil, até que um dia você descobre que está controlando a sua vida. Você ficará surpreso com a maneira como sua vida foi transformada.

Você não precisa ser religioso, nem ir à igreja todos os dias. Seu amor e autorrespeito irão crescer cada vez mais. Você consegue. Se eu consegui, você também pode conseguir. Não se preocupe com o futuro; mantenha sua atenção no presente e permaneça aqui e agora. Viva apenas um dia de cada vez. *Dê sempre o melhor de si* para manter esses compromissos, e logo será fácil para você também. Hoje é o início de um novo sonho.

O caminho tolteca para a liberdade

Capítulo 6

O caminho tolteca para a liberdade

Quebrando velhos compromissos

A verdadeira liberdade tem a ver com o espírito humano. É a liberdade de ser quem você realmente é.

Quebrando velhos compromissos

Todos falam sobre liberdade. Ao redor do mundo, diferentes pessoas, raças e países estão lutando por ela. Mas o que é liberdade? Nos Estados Unidos, as pessoas costumam dizer que vivem num país livre. Mas são realmente livres? São livres para ser quem realmente são? A resposta é não, não são livres. A liberdade está relacionada com o espírito humano — a liberdade de ser quem realmente somos.

O que nos impede de ser livres? Culpamos o governo, o tempo, a religião, culpamos Deus. Quem nos impede de ser livres? Nós nos impedimos. O que realmente significa a liberdade? Algumas vezes nos casamos e dizemos que perdemos nossa liberdade, depois nos divorciamos, e ainda assim não nos libertamos. O que nos impede? Por que não podemos ser nós mesmos?

livre

Temos lembranças de muito tempo atrás, quando costumávamos ser livres e amávamos ser livres, mas esquecemos o que a liberdade realmente significa. Se olhamos para uma criança que tem 2 ou 3 anos, talvez 4, estamos diante de um ser humano livre. Por que ela é livre? Porque sempre faz o que deseja. O ser humano é completamente selvagem. Assim como uma flor, uma árvore ou um animal que não foi domesticado... selvagem! E se observarmos os seres humanos que possuem 2 anos de idade, descobrimos que na maior parte do tempo eles exibem um grande sorriso no rosto. Estão se divertindo. Estão explorando o mundo. Não têm medo de brincar. Têm medo quando se machucam, quando sentem fome, quando algumas de suas necessidades não são satisfeitas. Contudo, não se preocupam com o passado, não se importam com o futuro, e só podem viver no momento presente.

Crianças muito pequenas não têm medo de expressar o que sentem. São tão sensíveis ao amor que, se perceberem amor, derretem-se em amor. Não têm medo de amar. Essa é a descrição de um ser humano normal. Assim como as crianças, não estamos com medo do futuro ou envergonhados pelo passado. Nossa tendência normal é apreciar a vida, brincar, explorar, ser feliz e amar. Mas o que aconteceu com o ser humano adulto? Por que somos tão diferentes? Por que não somos selvagens? Do ponto de vista da Vítima, podemos dizer que algo triste aconteceu conosco; e do ponto de vista do guerreiro, podemos dizer que o que nos aconteceu é normal. Temos o Livro da Lei, o grande Juiz e a Vítima governando nossas vidas.

> Não somos mais livres porque o Juiz, a Vítima e o Sistema de Crenças não nos permitem ser quem realmente somos.

Uma vez que nossas mentes foram programadas com tanto lixo, não somos mais felizes. Essa corrente de treinamento de indivíduo para indivíduo, de geração a geração, é perfeitamente normal na sociedade humana. Não é preciso culpar seus pais por ensinar você a ser como eles. Que outra forma poderiam ensinar, além da que já conhecem? Fizeram o melhor possível, e se fizeram você sofrer, foi devido à própria domesticação deles, dos medos e crenças deles. Eles não possuíam controle sobre a programação que recebiam; portanto, não poderiam ter se comportado de maneira diferente.

Não há necessidade de culpar seus pais ou qualquer outra pessoa, incluindo você mesmo, por tê-lo feito sofrer na vida. É tempo de parar com esse sofrimento. Está na hora de libertar-se da tirania do Juiz trocando a fundação de seus próprios compromissos. É hora de libertar-se do papel de Vítima.

Seu "eu" verdadeiro ainda é uma criança que não chegou a crescer. Algumas vezes ela até aparece, quando você se diverte ou quando está brincando, escrevendo poesias, tocando piano, enfim, expressando-se de alguma forma. Esses são os momentos mais felizes de sua vida... quando o "eu" verdadeiro se liberta, quando você não se importa com o passado e não se preocupa com o futuro. Você fica como uma criança. Mas existem algumas coisas que mudam tudo: nós as chamamos de *responsabilidades*. O Juiz diz: "Espere um segundo, você é responsável, tem coisas para fazer, precisa trabalhar, precisa frequentar a escola, ganhar sua vida." Todas essas responsabilidades nos vêm à mente. Nossa expressão se altera e nos tornamos sérios outra vez.

Se você observar as crianças brincando de adultos, vai perceber que as expressões delas mudam. "Vamos fingir que sou um advogado." E logo os rostinhos se transformam; assumem o rosto do adulto. Vamos para o tribunal, e esse é o rosto que enxergamos. Somos ainda crianças, mas perdemos nossa liberdade. A liberdade que estamos procurando é a liberdade de ser nós mesmos, de nos expressar. Mas se examinarmos nossas vidas, veremos que na maior parte do tempo fazemos coisas para agradar aos outros, apenas para ser aceitos por eles, em vez de viver nossas vidas para agradar a nós mesmos. É o que acontece com nossa liberdade. Enxergamos em nossa sociedade, e em todas as sociedades ao redor do mundo, que para cada mil pessoas, 999 estão completamente domesticadas.

A pior parte é que a maioria de nós nem ao menos tem consciência de não ser livre. Existe algo no interior sussurrando para nós que não somos livres, mas não compreendemos o que é e por que não somos livres. O problema com as pessoas é que vivem suas vidas e nem chegam a descobrir que o Juiz e a Vítima governam suas mentes e, portanto, não têm chance de ser livres.

O primeiro passo na direção da liberdade pessoal é a consciência. Precisamos estar conscientes do problema para poder resolvê-lo.

A consciência é sempre o primeiro passo, porque se você não está consciente, não existe nada para mudar. Se não percebeu que sua mente está cheia de feridas e veneno emocional, não pode começar a limpar e curar os ferimentos. Portanto, continuará sofrendo.

Não existe motivo algum para sofrer. Com a consciência, você pode ser rebelde e dizer: "Chega!" Você pode buscar uma forma de criar e transformar seu sonho pessoal. O sonho do planeta é apenas um sonho. Nem ao menos é real. Se você entrar no sonho e começar a desafiar suas crenças, vai descobrir que sofreu todos aqueles anos por nada. Por quê? Porque o Sistema de Crenças no interior de sua mente é baseado em mentiras.

Por isso, é tão importante que você domine o próprio sonho; por isso, os toltecas se tornaram mestres do sonho. Sua vida é a manifestação de seu sonho; é uma arte. E você pode mudar sua vida a qualquer momento em que não estiver gostando. Os mestres do sonho criaram obras-primas de vida; controlavam os sonhos fazendo escolhas. Tudo tem consequências e o mestre dos sonhos está consciente delas. Ser tolteca é uma forma de viver. Uma forma de viver em que não existem líderes nem seguidores, em que você possui sua própria verdade e vive de acordo com ela. Um tolteca se torna sábio, selvagem e livre outra vez.

consciência

Existem três domínios que levam as pessoas a se tornarem toltecas. O primeiro é o Domínio da Consciência. Significa tornar-se consciente de quem realmente somos, com todas as possibilidades. O segundo é o Domínio da Transformação – como mudar, como ficar livre da domesticação. O terceiro é o Domínio da Intenção. Intenção, do ponto de vista tolteca, é aquela parte da vida que torna a transformação de energia possível; é o ser vivente que sem esforço envolve toda a energia, ou o que denominamos "Deus". Intenção é a própria vida; é amor incondicional. O Domínio da Intenção, portanto, é o Domínio do Amor.

Quando conversamos sobre o caminho tolteca para a liberdade, descobrimos que eles possuem um verdadeiro mapa para libertar-se da domesticação. Eles comparam o Juiz, a Vítima e o Sistema de Crenças a um parasita que invade a mente humana. Do ponto de vista tolteca, todos os seres humanos domesticados são doentes. São doentes porque existe um parasita que controla a mente e o cérebro. Para o parasita, a comida são as emoções negativas produzidas pelo medo.

Se repararmos na definição de "parasita", descobrimos que se trata de um ser vivo que vive de outros seres vivos, sugando sua energia sem nenhuma contribuição útil em troca e machucando o hospedeiro pouco a pouco. O Juiz, a Vítima e o Sistema de Crenças se encaixam bem nessa descrição. Juntos, formam um ser vivo feito de energia psíquica ou emocional, e essa energia está viva. Claro que não se trata de energia material, mas tampouco as emoções são energias materiais. Nossos sonhos não são energia material da mesma forma, mas sabemos que existem. Uma das funções do cérebro é transformar energia material em energia emocional. Nosso cérebro é uma fábrica de emoções. E temos dito que a função principal da mente é sonhar.

Os toltecas acreditam que os parasitas — o Juiz, a Vítima e o Sistema de Crenças — controlam sua mente; controlam seu sonho pessoal. Os parasitas sonham pela sua mente e vivem sua vida por intermédio de seu corpo. Sobrevivem nas emoções que vêm do medo, e se alegram com o drama e o sofrimento.

A liberdade que procuramos é usar nossa mente e corpo para viver nossa própria vida, em vez da vida do Sistema de Crenças.

Quando descobrimos que a mente é controlada pelo Juiz, pela Vítima, enquanto o "nós" verdadeiro fica num canto, temos apenas duas escolhas. Uma delas é continuar vivendo da forma que somos, render-se a esse Juiz e a essa Vítima e continuar vivendo o sonho do planeta. A outra é fazer como quando éramos crianças e os pais tentavam nos domesticar. Podemos nos rebelar e dizer "Não!". Podemos declarar uma guerra contra os parasitas, contra o Juiz e a Vítima, uma guerra pela nossa independência, uma guerra pelo direito de usar nossa própria mente e nosso cérebro. Por isso, nas tradições xamanistas em toda a América, desde o Canadá até a Argentina, as pessoas chamam a si mesmas de *guerreiros*, pois estão em guerra contra os parasitas em suas mentes. Esse é o real significado de um guerreiro. Aquele que se rebela contra a invasão dos parasitas.

O guerreiro se revolta e declara guerra. Sermos guerreiros, porém, não significa que sempre iremos ganhar a guerra; podemos ganhar ou perder, mas sempre damos o melhor de nós e temos uma chance de ser livres outra vez. Escolher esse caminho nos dá, no mínimo, a dignidade da rebelião e nos assegura que não seremos vítimas inocentes de nossas emoções frívolas ou do veneno emocional dos outros. Mesmo se tivermos sucumbido ao inimigo — o parasita —, estaremos entre aquelas vítimas que reagiram.

Na melhor das hipóteses, ser guerreiros nos fornece uma oportunidade de transcender o sonho do planeta e de alterar o sonho pessoal para um sonho que chamamos de *céu*. Assim como o inferno, o céu é um local que só existe no interior de nossa mente.

É um lugar de alegria, onde podemos ficar felizes, onde somos livres para amar e ser quem realmente somos. Podemos alcançar o céu enquanto estamos vivos; não precisamos esperar até morrer. Deus está sempre presente e o reino dos céus se encontra em toda parte, mas primeiro precisamos ter olhos e ouvidos para ver e ouvir a verdade. Precisamos estar livres de parasitas.

O parasita pode ser comparado a um monstro com mil cabeças. Cada uma delas é um dos medos que temos. Se queremos ser livres, temos de destruir o parasita. Uma das soluções é atacá-lo de frente, o que significa enfrentarmos cada um dos nossos temores um por um. Trata-se de um processo lento, mas que funciona. A cada vez que enfrentamos um dos nossos medos, ficamos um pouco mais livres.

Uma segunda forma de solucionar o problema é parar de alimentar o parasita. Se não dermos comida a ele, podemos matá-lo de fome. Para fazer isso, precisamos conseguir controlar nossas emoções, precisamos nos abster de alimentar as emoções que derivam do medo. Isso é muito fácil de falar, mas difícil de realizar, porque o Juiz e a Vítima controlam nossa mente. Uma terceira solução é chamada de *iniciação dos mortos.* A iniciação dos mortos é encontrada em muitas escolas esotéricas e tradições ao redor do mundo, como no Egito, na Índia, na Grécia e nas Américas. Trata-se de uma morte simbólica, que mata o parasita sem magoar nosso corpo físico. Quando "morremos" simbolicamente, o parasita tem de morrer. É uma solução mais rápida do que as duas primeiras, porém muito mais difícil de executar. Precisamos de muita coragem para enfrentar o anjo da morte. Precisamos ser muito fortes. Vamos examinar mais atentamente cada uma dessas soluções.

A ARTE DA TRANSFORMAÇÃO: O SONHO DA SEGUNDA ATENÇÃO

Aprendemos que o sonho que você está vivendo agora é o resultado do sonho exterior capturando sua atenção e alimentando-o com suas crenças. O processo da domesticação pode ser chamado de *sonho da primeira atenção*, porque foi como sua atenção foi usada pela primeira vez para criar o primeiro sonho de sua vida.

Uma forma de mudar suas crenças é focalizar esses compromissos e alterar aqueles firmados com você mesmo. Ao fazer isso, você está usando sua atenção pela segunda vez, criando assim o *sonho da segunda atenção* ou o novo sonho. A diferença é que você não é mais inocente. Quando era criança, você não tinha escolha. Mas agora você cresceu. Cabe a você escolher no que acreditar e no que não acreditar. Você pode escolher acreditar em qualquer coisa, e isso inclui acreditar em si mesmo.

O primeiro passo é tornar-se consciente do nevoeiro em sua mente. Você precisa entender que está sonhando o tempo todo. Apenas com essa consciência você tem a possibilidade de transformar seu sonho. Se você tem a consciência de que todo o drama de sua vida é resultado do que você acredita e o que acredita não é absolutamente real, então pode começar a mudar tudo. Entretanto, para mudar de verdade suas crenças, você precisa focalizar sua atenção sobre o que deseja transformar. Precisa saber que compromissos quer mudar, antes de mudá-los.

Portanto, o próximo passo é desenvolver a consciência sobre todas as crenças autolimitantes e baseadas no medo que o tornam infeliz. Faça um inventário de tudo em que acredita, todos os seus compromissos, e por meio desse processo inicie a transformação. Isso é o que os toltecas chamavam de a Arte da Transformação, um campo inteiro de domínio. Você adquire o Domínio da Transformação alterando os compromissos baseados no medo que o fazem sofrer e reprogramando sua mente. Uma das formas de fazer isso é explorar e adotar crenças alternativas, como os Quatro Compromissos.

Tal decisão é uma declaração de guerra para reconquistar sua liberdade das garras do parasita. Os Quatro Compromissos oferecem a possibilidade de extinguir a dor emocional, que pode abrir

Você adquire o Domínio
da Transformação
alterando os compromissos
baseados no medo
que o fazem sofrer e
reprogramando sua mente.

a porta para que você aproveite sua vida e inicie um novo sonho. Depende de você explorar as possibilidades de seu sonho, se estiver interessado. Os Quatro Compromissos foram criados para colaborar com você na Arte da Transformação, para ajudá-lo a quebrar compromissos limitantes, a adquirir mais poder pessoal e tornar-se mais forte. Quanto mais forte você ficar, mais compromissos vai poder quebrar até o instante em que conseguir chegar ao fundo de todos eles.

Chegar ao fundo de todos os compromissos é o que chamo de *ir para o deserto*, onde você encontra todos os seus demônios face a face. Depois de sair do deserto, todos esses demônios se tornam anjos.

Praticar os quatro novos compromissos é um grande ato de poder. Quebrar os encantamentos de magia negra em sua mente requer enorme poder pessoal. A cada vez que você rompe um compromisso, torna-se mais poderoso. Começa rompendo pequenos compromissos, que requerem menos poder. Quando eles são quebrados, seu poder pessoal irá aumentando até atingir um ponto em que você finalmente se torna capaz de enfrentar os grandes demônios em sua mente.

Por exemplo, a menina que ouviu críticas ao seu canto tem agora 20 anos e ainda não consegue cantar. A forma de ultrapassar a crença de que a voz dela é feia é dizer: "Muito bem, vou tentar cantar, mesmo que cante mal." Então ela pode fingir que alguém está batendo palmas e lhe dizendo: "Foi ótimo." Isto pode quebrar um pouco o compromisso, mas ainda assim ele continuará ali. Só que agora ela tem mais força e coragem para tentar outra vez e insistir até finalmente romper o compromisso.

Essa é uma forma de sair do sonho do inferno. Para cada compromisso que o faz sofrer e que você deseja quebrar, será necessário fazer outro que o torne feliz. Isto vai manter afastado o antigo acordo. Se você ocupar o mesmo espaço com um novo compromisso, então o antigo se vai para sempre e o novo ocupa seu lugar.

Existem muitas crenças fortes na mente que podem tornar esse processo uma tarefa sem esperança. Por isso você precisa caminhar passo a passo e ser paciente consigo mesmo; trata-se de um processo lento. A forma como você está vivendo agora é o resultado de muitos anos de domesticação. Você não pode esperar mudar de um dia para o outro. Quebrar compromissos é muito difícil porque colocamos o poder da palavra (que é o poder da vontade) em cada compromisso que fizemos.

Precisamos da mesma quantidade de poder para mudar um compromisso. Não podemos mudá-lo com um poder menor do que utilizamos para fazê-lo. Quase todo o nosso poder pessoal está investido em manter os compromissos que temos conosco. Isto acontece porque eles são como um vício. Somos viciados em ser da maneira que somos. Somos viciados na raiva, no ciúme e na autopiedade. Somos viciados nas crenças que nos dizem: "Nãos sou bom o bastante, não sou inteligente o suficiente. Por que tentar? Outras pessoas vão fazer isso porque são melhores do que eu." Todos esses compromissos antigos que regulam o sonho de nossa vida são o resultado de inumeráveis repetições. Portanto, para adotar os Quatro Compromissos, você precisa deixar o mecanismo de repetição. Praticar os novos compromissos em sua vida é a forma de você se tornar melhor. A repetição faz o mestre.

A disciplina do guerreiro: controlando seu próprio comportamento

Imagine que você acorda bem cedo numa determinada manhã, transbordando entusiasmo. Você se sente bem. Está feliz e tem bastante energia para enfrentar o dia. Então, durante o café, você tem uma grande discussão com seu cônjuge e fortes emoções vêm à tona. Você fica bravo e, no calor da raiva, gasta um bocado de poder pessoal. Depois da briga, sente-se drenado e só deseja chorar. Na verdade, você se sente tão cansado que vai para a sua sala, perde o controle e tenta se recuperar. Passa o dia envolto nessas emoções. Não tem energia para continuar, e só deseja afastar-se de tudo. Todas as manhãs, acordamos com uma certa quantidade de energia mental, emocional e física, que gastamos ao longo do dia. Se permitirmos que nossas emoções drenem essa energia, não teremos força para mudar nossa vida ou para doar aos outros.

O modo como você vê o mundo vai depender das emoções que experimenta. Quando está bravo, tudo ao seu redor está errado, nada parece certo. Você culpa tudo, incluindo o tempo; chova ou faça sol, nada vai agradá-lo. Quando você está triste, tudo à sua volta o deixa triste e o faz chorar. Olha as árvores e sente-se infeliz; vê a chuva e tudo parece muito desolado. Talvez você se sinta vulnerável e tenha necessidade de proteger a si mesmo porque não sabe em que momento alguém vai atacá-lo. Você não confia em ninguém, nem em nada ao seu redor. Tudo isso porque enxerga o mundo com os olhos do medo!

Imagine que a mente humana seja como a sua pele. Você pode tocar a pele saudável, o que é maravilhoso. Ela é feita para a percepção, e a sensação do toque é deliciosa. Agora imagine que você tem um machucado, um corte que infecciona. Se tocar a pele infectada, sentirá dor; portanto, tenta cobri-la. Você não gosta de ser tocado por causa da dor. Agora imagine que todos os seres humanos possuam uma doença de pele. Ninguém pode tocar o outro porque irá doer. Como todos possuem pústulas na pele, a infecção e a dor são vistas como normais; acreditamos que as coisas devam ser assim.

Pode imaginar como nos comportaríamos uns com os outros se todos os seres humanos do mundo tivessem doenças de pele? Naturalmente, mal iríamos abraçar os outros, porque seria doloroso demais. Portanto, teríamos que criar um bocado de distância entre nós.

A mente humana é exatamente como a pele infectada. Todo ser humano possui o seu corpo emocional coberto pelo veneno de todas as emoções que nos fazem sofrer, tais como ódio, raiva, inveja e tristeza. Uma ação injusta abre um ferimento na mente e reagimos com veneno emocional devido aos conceitos que temos do que é justo e injusto. A mente está tão machucada e envenenada pelo processo da domesticação que todos a descrevem como normal. É considerado normal, porém eu afirmo que não é.

Temos um sonho do planeta não funcional e os seres humanos estão mentalmente doentes, vítimas de um mal chamado medo. Os sintomas dessa doença são todos aqueles que nos fazem sofrer: ira, ódio, tristeza, inveja e traição. Quando o medo é grande demais, a mente racional começa a falhar. Isto é o que podemos chamar de doença mental. O comportamento psicótico ocorre justamente quando a mente se apavora e os ferimentos doem tanto que parece melhor quebrar o contato com o mundo exterior.

Se pudermos encarar o estado de nossa mente como uma doença, encontraremos a cura. Não precisamos sofrer mais. Para isso, necessitamos da verdade, que abre ferimentos emocionais, retira todo o veneno e os cura completamente. Mas como fazemos isso? Precisamos perdoar aqueles que sentimos nos ter feito mal, não porque mereçam ser perdoados, mas porque amamos tanto a nós mesmos que não queremos ficar prestando atenção nas injustiças.

O perdão é a única forma de cura.
Podemos optar por ele porque sentimos
compaixão de nós mesmos.

perdão

Precisamos deixar o ressentimento sair e declarar: "Basta! Não pretendo mais ser o grande Juiz que está sempre contra mim. Não pretendo mais bater em mim mesmo ou me fazer sofrer. Não farei mais o papel da Vítima." Em primeiro lugar, precisamos perdoar nossos pais, nossos irmãos, amigos e a Deus. Depois de perdoar a Deus, você está pronto para perdoar a si mesmo. Depois de perdoar a si mesmo, a autorrejeição em sua mente termina. A autoaceitação se inicia e o autoamor irá crescer tão forte que você finalmente aceitará a si mesmo da forma que é. Esse é o início do ser humano livre. O esquecimento é a chave.

Você saberá que perdoou alguém quando enxerga esse alguém e não apresenta nenhuma reação emocional. Você escutará o nome da pessoa e não sentirá nada. Quando alguém puder tocar o que costumava ser um ferimento e você não sentir mais dor, então saberá que verdadeiramente perdoou.

A verdade é como um bisturi. É dolorosa, porque abre todos os ferimentos criados por mentiras, de forma que possam ser curados. Essas mentiras são o que chamamos de *sistema de negação*, um sistema que nos permite cobrir os ferimentos e ainda funcionar. Contudo, uma vez que não se tenha mais feridas ou veneno, não precisamos mais mentir. Não precisamos mais do sistema de negação porque uma mente sadia, como a pele sadia, pode ser tocada sem provocar dor. A sensação é muito agradável.

O problema com a maioria das pessoas é que elas se descontrolam emocionalmente. São as emoções que controlam o comportamento dos seres humanos, não os seres humanos que controlam as emoções.

Quando perdemos o controle, dizemos coisas que não queríamos dizer e fazemos coisas que não queríamos fazer. Por isso é tão importante ser impecável com nossa palavra e nos tornar guerreiros espirituais. Precisamos aprender a controlar as emoções a fim de reunir poder pessoal suficiente para mudar nossos compromissos baseados no medo, fugir do inferno e criar nosso próprio céu pessoal.

Como nos tornamos guerreiros? Existem certas características guerreiras que são aproximadamente as mesmas no mundo inteiro. O guerreiro possui consciência. Isso é muito importante. Estamos conscientes de estar em guerra, e a guerra em nossas mentes requer disciplina. Não a disciplina do soldado, mas a do guerreiro. Não a disciplina do exterior, que nos diz o que fazer e o que não fazer, mas a disciplina para ser nós mesmos, não importa o que aconteça.

verdade

O guerreiro possui controle. Não o controle sobre outro ser humano, mas sim sobre as próprias emoções, sobre o próprio eu. É quando nos descontrolamos que reprimimos as emoções, não quando estamos no controle. A grande diferença entre um guerreiro e uma vítima é que a vítima reprime, enquanto o guerreiro controla. A vítima reprime porque tem medo de mostrar as emoções, medo de dizer o que deseja. Controlar não é a mesma coisa que reprimir. Controlar é conter as emoções, a fim de expressá-las no momento adequado, nem antes, nem depois. Por isso os guerreiros são impecáveis. Eles possuem controle completo sobre as próprias emoções e, portanto, sobre o próprio comportamento.

A iniciação dos mortos: abraçando o anjo da morte

A forma final de obter liberdade pessoal é preparar a nós mesmos para a iniciação dos mortos, aceitando a própria morte como professora. O que o anjo da morte pode nos ensinar é como viver de verdade. Tornamo-nos conscientes de que podemos morrer a qualquer instante; só temos o presente para viver. A verdade é que não sabemos se vamos morrer amanhã. Quem sabe? Temos a ideia de que possuímos ainda muitos anos no futuro. Teremos?

Se formos ao hospital e o médico nos disser que temos uma semana de vida, o que faremos nesses sete dias? Como já dissemos antes, temos duas escolhas. Uma é sofrer porque estamos morrendo. Dizemos a todos: "Pobre de mim, vou morrer", e realmente criamos um grande drama. A outra escolha é usar cada instante para ser feliz, fazendo o que realmente gostamos de fazer. Se tivermos apenas uma semana para viver, vamos aproveitar a vida. Vamos ficar vivos. Podemos dizer: "Serei eu mesmo. Não pretendo mais dirigir minha vida tentando agradar aos outros. Não vou mais ficar com medo do que eles possam pensar de mim. O que me importa o que os outros pensam do fato que morrerei em uma semana? Serei eu mesmo."

O anjo da morte é capaz de nos ensinar a viver todos os dias como se fossem o último dia de nossas vidas, como se não existisse o amanhã. Podemos começar cada dia dizendo: "Estou acordado, vejo o sol. Entregarei minha gratidão ao sol, a tudo e a todos, porque ainda estou vivo. Mais um dia para mim."

Essa é a forma como vejo a vida, e foi isso o que o anjo da morte me ensinou — ser completamente aberto para saber que não existe nada a temer. Claro, trato as pessoas que amo com amor, porque esse pode ser o último dia em que terei a chance de dizer a elas o quanto as amo. Não sei se vou vê-las outra vez, por isso não quero brigar com elas.

E se eu tivesse uma grande discussão com você e lhe despejasse todo o veneno emocional que tenho, e você morresse amanhã?

Opa! Oh, meu Deus, o Juiz iria me pegar de jeito, e eu iria sentir-me culpado por tudo o que disse a você. Iria até mesmo me sentir culpado por não ter dito o quanto amo você. O amor que me faz feliz é o amor que posso compartilhar com você. Por que eu precisaria negar que amo você? Não é importante que você retribua esse amor. Posso morrer amanhã; você pode morrer amanhã. O que me torna feliz agora é deixá-lo saber o quanto amo você.

Vivendo dessa forma, você se prepara para a iniciação da morte. O que acontecerá nesta iniciação é que o velho sonho que você abriga em sua mente vai sumir para sempre. Sim, terá lembranças dos parasitas — do Juiz, da Vítima e das coisas em que costumava acreditar —, mas eles estarão mortos.

É isso que vai morrer durante a iniciação: os parasitas. Não é fácil partir para uma iniciação, porque o Juiz e a Vítima lutarão com todas as suas forças. Eles não querem morrer. Sentimos que corremos o risco de sucumbir e ficamos com medo dessa morte.

Quando vivemos o sonho do planeta, é como se estivéssemos mortos. Quem quer que sobreviva à iniciação recebe um presente maravilhoso: a ressurreição. Renascer é levantar-se dos mortos, estar vivo, ser nós mesmos outra vez.

Renascer é ser como uma criança, selvagem e livre, mas com uma diferença: temos liberdade com sabedoria em vez de inocência.

Somos capazes de quebrar nossa domesticação, de nos tornar livres outra vez e de curar nossa mente. Rendemo-nos ao anjo da morte, sabendo que os parasitas irão morrer e nós sobreviveremos com uma mente sadia e o raciocínio perfeito. Então somos livres para usar nossa própria mente e dirigir nossa vida. Por isso, na forma tolteca de viver, o anjo da morte nos ensina. Ele vem até nós e diz: "Você viu que tudo o que existe aqui é meu, não é seu. Sua casa, sua esposa, seus filhos, seu carro, sua carreira, seu dinheiro — tudo é meu. Posso tirar quando eu quiser, mas por enquanto pode ir usando."

Se nos rendermos ao anjo da morte, seremos eternamente felizes. Por quê? Porque ele leva embora o passado, para que sua vida possa continuar. De tudo o que passa, ele continua tirando a parte que está morta para que possamos viver o presente. Os parasitas querem que continuemos a carregar o passado conosco, e isso torna muito difícil o ato de estar vivo. Quando tentamos viver no passado, como podemos aproveitar o presente? Quando sonhamos com o futuro, por que precisamos carregar o fardo do passado? Quando iremos aprender a viver no presente? Isso é o que o anjo da morte nos ensina.

renda-se

heaven

O novo sonho

Capítulo 7

O novo sonho

O céu na Terra

O sonho que você está vivendo é sua própria criação. É a sua percepção de realidade que você pode mudar a qualquer momento. Você tem o poder de criar o inferno, assim como tem o poder de criar o céu.

O céu na Terra

Quero que você esqueça tudo o que aprendeu durante sua vida inteira. Este é o começo de um novo entendimento, de um novo sonho.

O sonho que está vivendo é sua criação. É a sua percepção de realidade que você pode mudar a qualquer momento. Você tem o poder de criar o inferno e o poder de criar o céu. Por que, então, não sonhar um sonho diferente? Por que não usar sua mente, sua imaginação e suas emoções para sonhar o céu?

Use apenas sua imaginação e algo incrível acontecerá. Imagine que você tem a habilidade de enxergar o mundo com olhos diferentes, sempre que escolher. A cada vez que você abre os olhos, vê o mundo de forma diferente.

Imagine-se tendo permissão para ser feliz
e aproveitar sua vida de verdade.

Imagine-se vivendo sem medo de
expressar seus sonhos.

Imagine-se vivendo sem medo de
ser julgado pelos outros.

Imagine-se vivendo sem julgar os outros.

Imagine-se vivendo sem medo de
amar e não ser amado.

Imagine-se vivendo sem medo de
arriscar e explorar a vida.

Imagine-se amando a si mesmo
da maneira como você é.

Feche os olhos agora, depois abra-os e olhe para fora.

O que você vai enxergar é amor saindo das árvores, descendo do céu, fluindo da luz. Você percebe o amor de tudo à sua volta. Ele é o estado de graça. Você percebe o amor diretamente de tudo, inclusive de você mesmo e dos outros seres humanos. Quando as pessoas estão tristes ou felizes, por trás desses sentimentos você pode ver que também estão emitindo amor.

Usando sua imaginação e seus novos olhos de percepção, quero que você se enxergue vivendo um novo sonho, uma nova vida, na qual não precisa justificar sua existência e fica livre para ser quem realmente é. Imagine que tem permissão para ser feliz e aproveitar sua vida. Ela está livre de conflito com você mesmo e com os outros.

Imagine sua vida sem medo de expressar seus sonhos. Você sabe o que quer, o que não quer e quando quer. Está livre para alterar sua vida da forma que sempre desejou. Não tem medo de pedir o que precisa, de dizer sim ou não para alguma coisa ou alguém.

Imagine-se vivendo sua vida sem o medo de ser julgado pelos outros. Você não regula mais seu comportamento de acordo com o que os outros possam pensar a seu respeito. Não tem necessidade de controlar ninguém, e, em contrapartida, ninguém o controla.

Imagine viver sua vida sem julgar as pessoas. Você pode perdoá-las com facilidade e esquecer os julgamentos que possa ter. Não tem a necessidade de estar certo, não precisa mais tornar todo o mundo errado. Você respeita a si mesmo e a todos que, em troca, também o respeitam.

Imagine a si mesmo sem o medo de amar e não ser amado. Não teme mais ser rejeitado e não tem a necessidade de ser aceito. É capaz de dizer: "Eu amo você", sem justificativa ou vergonha. Pode andar pelo mundo com seu coração completamente aberto, sem ter medo de ser ferido.

Imagine viver sem o temor de assumir um risco e explorar a vida. Você não tem medo de perder nada. Não tem medo de estar vivo e não tem medo de morrer.

Imagine que ama a si mesmo do jeito que é. Ama seu corpo da forma que é e suas emoções da forma como são. Sabe que é perfeito assim como você é.

O motivo de estar lhe pedindo para imaginar essas coisas é porque elas são inteiramente possíveis! Você pode viver em estado de graça, em êxtase, o sonho do céu. Mas, para experimentar esse sonho, você primeiro precisa entender o que é.

Apenas o amor possui a capacidade de colocá-lo nesse estado de graça. Estar em êxtase é como amar. Amar é como estar em êxtase. Você flutua nas nuvens. Percebe o amor aonde quer que vá. É inteiramente possível porque outros já o fizeram e eles não são diferentes de você. Vivem em êxtase porque mudaram seus compromissos e sonham um sonho diferente.

Uma vez que você sinta o que significa viver em êxtase, vai adorar. Saberá que o céu na Terra é verdadeiro... que o céu existe de verdade.

Uma vez que saiba que o céu existe, uma vez que saiba que é possível alcançá-lo, compete a você realizar o esforço necessário para isso. Dois mil anos atrás, Jesus nos falou sobre o reino dos céus, do amor, mas as pessoas não estavam prontas para escutar isso. Disseram: "Sobre o que você está falando? Meu coração está vazio, não sinto esse amor, não tenho a paz que você tem." Você não precisa fazer isso. Imagine apenas que essa mensagem de amor seja possível e vai descobrir que ela é sua.

O mundo é muito bonito e maravilhoso. Viver pode ser muito fácil quando o amor é sua forma de vida. Você pode estar pleno de amor o tempo todo. É uma escolha sua. Talvez não tenha um motivo para amar, mas pode amar, porque amar o torna feliz. O amor em ação só produz felicidade. Ele lhe dará paz interior. Irá mudar sua percepção de tudo.

Você é capaz de enxergar tudo com os olhos do amor. Pode ficar consciente do amor que existe ao seu redor. Quando você vive dessa forma, não existe mais nevoeiro em sua mente. O *mitote* se foi para sempre. Isso é o que os seres humanos procuram há séculos. Por milhares de anos temos procurado a felicidade. Ela é o paraíso perdido. Os seres humanos têm trabalhado tanto para alcançar esse ponto, e isso faz parte da evolução da mente. Este é o futuro da humanidade.

Essa forma de viver é possível e está ao seu alcance. Moisés a chamou de Terra Prometida, Buda a chamou de Nirvana, Jesus a chamou de Céu e os toltecas, de Novo Sonho. Infelizmente, sua identidade está misturada ao sonho do planeta. Todas as suas crenças e compromissos estão no nevoeiro. Você sente a presença dos parasitas e acredita ser você. Isso torna difícil continuar — libertar

amor em ação

O amor em ação só
produz felicidade.
Ele lhe dará paz
interior. Irá mudar sua
percepção de tudo.

os parasitas e criar espaço interno para experimentar o amor. Você está viciado no Juiz, na Vítima. O sofrimento o faz sentir-se seguro porque você o conhece muito bem.

Mas, na realidade, não existe motivo para sofrer. Você escolhe sofrer — e esse é o único motivo. Se olhar para a sua vida, vai encontrar um bocado de desculpas para sofrer. Se examinar sua vida, descobrirá muitas desculpas, mas não vai encontrar nenhum bom motivo para sofrer. O mesmo vale para a felicidade. A única razão para você ser feliz é porque escolheu ser feliz.

> A felicidade é uma escolha,
> assim como o sofrimento.

Talvez não possamos escapar do destino dos seres humanos, mas temos a opção: sofrer nosso destino ou aproveitar nosso destino. Sofrer ou amar e ser feliz. Viver no inferno ou viver no céu. Minha escolha é viver no céu. Qual é a sua?

céu

Orações

Por favor, dedique um instante a fechar os olhos, abrir o coração e sentir todo o amor que vem de seu coração. Quero que você se junte às minhas palavras em sua mente e em seu coração, para sentir uma conexão forte de amor. Juntos, iremos fazer uma oração muito especial para experimentar uma comunhão com nosso Criador.

Focalize a atenção em seus pulmões, como se só eles existissem. Sinta o prazer quando eles se expandem para preencher a maior necessidade do ser humano: respirar.

Inspire profundamente e sinta como o ar enche seus pulmões. Sinta como o ar não é nada além de amor. Repare na conexão entre ele e os pulmões, uma ligação de amor. Expanda seus pulmões com ar até que seu corpo tenha a necessidade de expelir esse ar. Então expire, e sinta outra vez o prazer. Quando satisfazemos qualquer necessidade do corpo humano, sentimos prazer. Respirar nos dá muito prazer. Apenas o fato de respirar já seria motivo suficiente para nos manter sempre felizes, apreciando a vida. Estar vivo é o bastante. Sinta o prazer de estar vivo, o prazer de sentir o amor...

Oração pela liberdade

Hoje, Criador do Universo, pedimos que venha até nós e compartilhe uma comunhão de amor. Sabemos que Seu nome verdadeiro é Amor, que temos uma comunhão com Você por compartilhar a mesma vibração, a mesma frequência em que Você vibra, porque Você é a única coisa que existe no universo.

Hoje ajude-nos a ser como Você, a amar a vida, ser a vida, ser amor. Ajude-nos a amar da forma como Você ama, sem condições, expectativas, obrigações ou julgamentos. Ajude-nos a amar e a aceitar a nós mesmos sem nenhum julgamento, porque quando nos julgamos, acreditamos em nossa culpa e sentimos necessidade do castigo.

Ajude-nos a amar tudo o que Você criou incondicionalmente, de modo especial outros seres humanos, principalmente os que vivem perto de nós: nossos parentes e as pessoas que tentamos amar com tanta força. Porque quando os rejeitamos, rejeitamos a nós mesmos, e quando nos rejeitamos, O rejeitamos.

Ajude-nos a amar os outros da forma como são, sem condições. Ajude-nos a aceitá-los da forma como são, sem julgamento, porque se os julgarmos, vamos achar que são culpados e sentiremos a necessidade de castigá-los.

Hoje, limpe nossos corações do veneno emocional que carregamos, liberte nossa mente de qualquer julgamento para que possamos viver em completa paz e amor.

Hoje é um dia muito especial. Hoje abrimos nossos corações para amar novamente, de forma que podemos dizer ao outro "Eu amo você", sem medo algum, com sinceridade. Hoje, nos oferecemos a Você. Venha até nós, use nossas vozes, nossos olhos, nossas mãos e nossos corações para partilhar a nós mesmos, numa co-

liberdade

munhão de amor com todos. Hoje, Criador, ajude-nos a ser como Você. Obrigado por tudo o que recebemos neste dia, especialmente pela liberdade de ser quem realmente somos. Amém.

Oração pelo amor

Iremos partilhar um belo sonho juntos — um sonho que você vai adorar o tempo todo. Nesse sonho, você está num belo dia quente e ensolarado. Escuta os pássaros, o vento e um riacho. Caminha na direção do rio. Na margem do rio existe um homem meditando, e você percebe que da cabeça dele emana uma bela luz, de cores diferentes. Você tenta não perturbá-lo, mas ele percebe sua presença e abre os olhos. Ele possui aquele tipo de olhar cheio de amor e abre um grande sorriso. Você pergunta como ele é capaz de irradiar aquela bela luz colorida. Pergunta se ele pode ensiná-lo a fazer o que está fazendo. Ele responde que há muitos e muitos anos fez a mesma pergunta a seu Mestre.

O velho começa a contar sua história:

"Meu professor abriu seu próprio peito, retirou seu coração e apanhou uma bela chama do coração. Então ele abriu meu peito, meu coração e colocou aquela pequena chama no interior. Colocou de volta meu coração em meu peito, e, assim que isso aconteceu, senti um amor intenso, pois a chama que ele colocara dentro de mim era o seu próprio amor. Aquela chama cresceu em meu coração e tornou-se um grande fogo — um fogo que não queima, mas purifica tudo o que toca. E esse fogo tocou cada uma das células do meu corpo, e as células do meu corpo devolveram meu amor. Tornei-me uno com meu corpo, mas o meu amor cresceu ainda mais.

> Aquele fogo tocou cada emoção em minha mente e todas as emoções se transformaram num amor forte e intenso. E amei a mim mesmo, completa e incondicionalmente.

"Mas o fogo continuou queimando e tive a necessidade de partilhar meu amor. Decidi colocar um pedaço desse amor em cada árvore, e as árvores devolveram meu amor e me tornei uno com as árvores. Mas o meu amor não parou, tornou a crescer. Coloquei um pouco de amor em cada flor, e elas me devolveram e nos tornamos uno. E o meu amor cresceu ainda mais, para amar a todos os animais do mundo. Eles responderam ao meu sentimento, e me amaram de volta e nos tornamos uno. Mas o meu amor continuou crescendo cada vez mais.

"Coloquei um pedaço do meu amor em cada cristal, em cada pedra no chão, na terra, nos metais, e eles me amaram de volta e me tornei uno com a terra. Então resolvi colocar meu amor na água, nos oceanos, nos rios, na chuva e na neve. E eles também me amaram e nos tornamos uno. Ainda assim, meu amor cresceu mais e mais. Resolvi dar meu amor ao ar, ao vento. Senti uma forte comunhão com a terra, o vento, os oceanos, a natureza, e meu amor cresceu e cresceu.

"Voltei minha cabeça em direção ao céu, ao sol e às estrelas, coloquei um pouco do meu amor em cada astro, e fui amado de volta. Tornei-me uno com eles, e ainda assim meu amor continuou crescendo e crescendo.

"Coloquei um pouco do meu amor em cada ser humano, e me tornei uno com toda a humanidade. Aonde quer que eu vá, quem quer que eu encontre, vejo a mim mesmo nos olhos deles, porque sou parte de tudo, por causa do amor."

Então o velho abre o próprio peito, retira o coração iluminado por dentro e coloca a chama em seu coração. Agora o amor está crescendo em seu interior. Agora você é uno com o vento, com a água, com as estrelas, com toda a natureza, com todos os animais e seres humanos. Você sente o calor e a luz emanando da chama em seu coração. De sua cabeça parte uma luz de cores diferentes. Você fica radiante com o brilho do amor e ora:

Obrigado, Criador do Universo, pelo presente da vida que me deu. Obrigado por me dar tudo o que eu realmente preciso. Obrigado pela oportunidade de experimentar este belo corpo e esta mente maravilhosa. Obrigado por viver em meu interior com todo o Seu amor, com todo o Seu espírito puro e livre, com o Seu calor e luz radiante.

Obrigado por usar minhas palavras, meus olhos e meu coração para partilhar Seu amor aonde quer que eu vá. Amo Você da forma que É, e porque sou Sua criação, amo a mim mesmo da forma como sou. Ajude-me a manter o amor e a paz em meu coração e a tornar esse amor uma nova forma de vida, que poderei viver em amor pelo resto da minha existência. Amém.

viva em amor

Anotações

Anotações

Anotações

Anotações

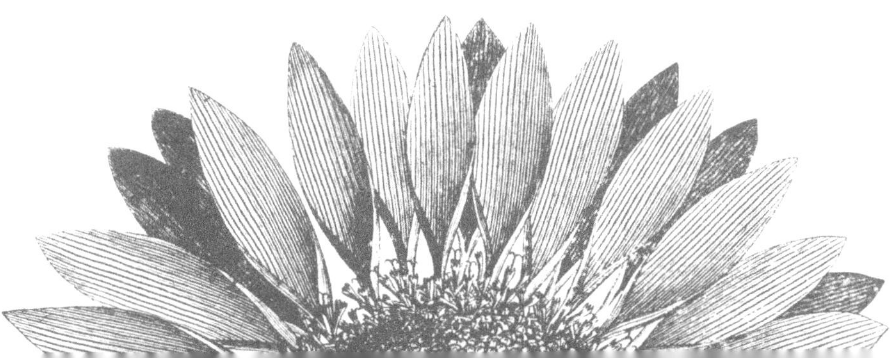

Este livro foi composto nas tipologias
Centaur MT, Eva AntiquaLtSG e Luxus Brut,
e impresso em papel offset 120g/m²,
na Reproset.